教师身心健康丛书

一 沙 世 界

朱建军　曹昱　史晋 ◎ 著

北京师范大学出版集团
BEIJING NORMAL UNIVERSITY PUBLISHING GROUP
北京师范大学出版社

图书在版编目(CIP)数据

一沙世界/朱建军，曹昱，史晋著. —北京：北京师范大学出版社，2024.1

（教育心理常识丛书）

ISBN 978-7-303-27802-2

Ⅰ. ①一⋯ Ⅱ. ①朱⋯②曹⋯③史⋯ Ⅲ. ①中小学生－教育心理辅导 Ⅳ. ①G448

中国版本图书馆 CIP 数据核字(2022)第 025875 号

图书意见反馈：gaozhifk@bnupg.com　010-58805079

营销中心电话：010-58802755　58800035

编辑部电话：010-58809014

北师大出版社教师教育分社微信公众号　京师教师教育

出版发行：北京师范大学出版社　www.bnupg.com

　　　　　北京市西城区新街口外大街 12-3 号

　　　　　邮政编码：100088

印　　刷：北京瑞禾彩色印刷有限公司

经　　销：全国新华书店

开　　本：787 mm×1092 mm　1/16

印　　张：13.75

字　　数：252 千字

版　　次：2024 年 1 月第 1 版

印　　次：2024 年 1 月第 1 次印刷

定　　价：89.00 元

策划编辑：何　琳　　　　　　责任编辑：葛子森

美术编辑：焦　丽　　　　　　装帧设计：焦　丽

责任校对：陈　民　　　　　　责任印制：马　洁　赵　龙

一沙一个好世界

展示心理世界的工具如同视频的屏幕，屏幕可以放大或缩小，但对故事情节毫无影响。在四十几寸的电视屏幕上，或小小的手机屏幕上，都可以有山河大地、千军万马。图像大小不重要，重要的是内容。

沙屉，和真实的世界相比，当然很小很小。但在这小小的沙屉中，可以展示出一个人的心理世界。

沙屉有上、中、下三层，以此代表空间和时间，每层可以用不同材质的屉沙铺底，然后用沙具来摆出一个人心中的人生。如果一个人的心理有了问题，在他所摆的沙屉中就会显现出来；反之，他的沙屉调整了，沙屉中的人们逢凶化吉，原来的乱世变得太平，这个人的心理世界也会随之变好。

我和曹昱以前都用意象对话做心理咨询。简要地说，就是借助想象活动来调节心理。我们发现，想象固然自由且方便，但没有物质实体作为依托，表达力往往还是会有所局限。这就好比心算虽然很方便，但要计算复杂的数学公式，就需要黑板了。在想象世界的运算中，沙屉就是用来做复杂运算的"黑板"。

沙屉是一个"混血儿"，于 2008 年诞生。

沙屉的灵魂源于中国文化中的"弈"，而外形则借鉴了沙盘，是一个中体西用的应用心理学的成果。五年磨一剑，2013 年 7 月，我们第一次在正式学术会议上介绍了这个技术，小试锋芒。之后，我们继续潜心实践、摸索。转眼 15 年过去了，沙屉基本成熟了。我也决意要花大力气推广这个技术了。

为什么呢？ 因为这个技术非常契合当下的社会需要。

沙屉非常适用于社会心理服务领域。

近年来，社会心理服务对中国人的重要性越来越凸显。人们都意识到，仅有心理咨询是不够的，社会需要心理学为更多的普通人服务。但目前，社会心理服务在专业领域内还基本处于空白。

因此，让心理学不再成为针对少数群体的特殊服务，能够真正走进千家万户，而不沦为空谈，以下四个基本条件就必不可少：第一，有一套简洁而有效的应用心理学操作方法；第二，有一套安全、有效且平民化的心理学工具；第三，有一群会使用心理学工具去做社会心理服务的专业服务者；第四，有一群可以持续提供相关培训和后续督导的资深专业心理工作者作为后盾。

而沙屉经过 15 年的沉淀，正好已经积攒了足够的实力来承担这份时代的使命。

关于沙屉可以如何应用于青少年群体、社区、家庭等，已有书做出介绍。除此之外，沙屉还可以帮助我国的心理咨询工作者，在这里不再赘述。

在当前的时代背景下，社会心理服务如果要大幅度提升，心理工具的提升就非常重要。而沙屉适逢其会，所以推广沙屉也就非常重要。

我们和沙屉技术的第三人——精通原型意象的意象对话心理师史晋一起，一边培训沙屉使用者，一边共同完成了这本沙屉技术的奠基之作。本书阐述了沙屉的基本理论，介绍了沙屉的一些主要的、基本的使用方法，以便初学者使用。对于完全不了解沙屉的人来说，本书是一个简介。对于有兴趣学习沙屉技术的人来说，本书可以作为教材。

从表面上看，沙屉就是把单层的沙盘变成了三层而已。但从功能上看，它把二维、三维空间跃迁到了四维。我们的第一批受训者已经发现，沙屉所能达到的心理涵容与转化功能令人惊叹。当然，在前言就说"沙屉真是好工具"似乎太早了，应该是读者读了这本书甚至亲身用过沙屉之后再说。但我坚信，未来有机会真正使用沙屉的人，无论用它来做心理咨询、心理治疗、心理服务，还是用它来自我成长，都不会认为这篇序言是夸大其词的。

沙屉，是人的心理世界的外化，是可以看得见摸得着的心理世界。沙屉技术，就是用来让沙屉世界变得更好的技术。心好了，世界就好了。我们希望让越来越多的人学会构建一个美好的沙屉世界，从而构建一个更美好的心理世界。最后，让我们一起构建一个更美好的中国、一个更美好的世界。

一个人，从一沙开始，走向一个好世界。

目录

第一章
沙屈的源流与创新

　　沙屉，是在心理咨询或心理服务中所用的一种器具的名字，也是用这种器具进行心理咨询或心理服务的技术的名字。我们也可以把这种技术叫作沙屉技术，或叫作沙屉游戏、沙屉艺术等。

　　为什么叫沙屉？因为它的外形比较像个三层的抽屉。

　　在心理咨询或心理服务的时候，我们在这三层抽屉里面放上沙子或者碎水晶、谷物等作为环境背景，让摆放者按照内心的感受放置一些相应的小物件来表达他自己的心理意象。

　　沙屉技术（以下简称"沙屉"）是在中国本土创立的心理咨询技术之一。虽然这一技术是独特创新的技术，但我们依然想要一一罗列并感谢那些曾经在创立这个心理技术过程中给予我们启发和灵感的其他心理学技术。沙屉的外观如图1-1所示。

图 1-1　沙屉的外观

第一节　沙屉技术对沙盘游戏的借鉴与创新

　　目前有一种方法看起来跟沙屉非常相似，那就是沙盘游戏疗法。沙盘游戏，即在一个浅浅的箱子中铺上沙子，让来访者往沙子里放置沙具。通过这种方式摆出来的沙盘，可以象征性地呈现来访者的内心活动。而摆放沙具的过程也有心理疗愈的作用。这是历史源远流长的一种疗法，在20世纪中期由多拉·卡尔夫（Dora Kalff）创立。沙盘游戏所用的沙盘，虽然只是一个浅浅的小箱子，但它可以作为人的自我的象征，箱子的边就象征自我边界，而那些沙具象征人潜意识中的心理内容。这种工具非常好用，且表达能力很强。

沙屉技术吸收和学习了沙盘游戏疗法的这个技术思路，所以沙屉中的每一层都类似一个沙盘，沙具也和沙盘游戏疗法中所使用的基本一样。对于其他一些地方，沙屉技术也受到了沙盘游戏疗法的启发。例如，沙盘游戏疗法为沙屉技术提供了一些基础知识，如沙盘的尺寸多大合适等。所以，如果我们说到沙屉技术的思路源流，就会说沙盘游戏疗法是它的一个主要来源。

但是，我们也必须明确沙屉技术和沙盘游戏疗法在本质上有很大区别，沙屉技术不是一个"改进版的沙盘游戏疗法"，而是一个独创的技术。我们要说明一点：说这两个技术是不同的，仅仅说它们在细节上的很多差异是不够的，因为任何一个技术都有一些变式存在。如果一个新技术和旧技术相比没有某种质变，那么我们只可以把它看作旧技术的一个变式，而不能称它为新技术。新技术需要和旧技术有核心的差异，我们才能说它是一个新技术。

众所周知，心理咨询之所以有不同技术的区分，是因为它们之间都有核心本质的差异。而这些核心本质的差异体现于三个方面：一是基本价值理念和基本的方法论；二是用于临床工作的工具；三是用来达成心理咨询目标的操作方法。在这三者中至少要有一个和过去已有的技术有质的差异，才可以说是一种新技术，如果三者都和过去的不同，就毋庸置疑是一种新技术了。

沙屉技术是不是不同于沙盘游戏疗法的新技术呢？我们也可以从这三个方面来分析。

一、核心理念的差别

沙屉技术和沙盘游戏疗法的理念差别是什么呢？

如果我把沙屉上面的一层拆掉，下面的也不算，单看中间其实很像沙盘。但是，沙盘是什么？沙盘并不是一个器具，而是这个器具所象征的内容。在沙盘游戏疗法中，沙盘的框的象征意义就是自我心理边界。在边界里面摆放上沙具，就是来访者的心理世界。它可以是本我（ego）的象征性意象，而在沙盘游戏过程中，则逐渐转化为内在的、真实的、潜在的自我，也就是荣格所说的自性（self）的意象化展现。

沙盘游戏疗法的理论基础是荣格的分析心理学理论，沙盘摆到最后时，展现出的常常是曼陀罗。而曼陀罗是什么？曼陀罗就是"self"，也就是荣格所说的自性原型。自性原型是围绕着精神世界的中心所发散出来的一个精神结构。

沙盘游戏疗法的根基是一个向中心化的结构。在我看来，荣格的分析心理学本质上依旧是西方文化中的主流思想的化身。每个人的"self"都是这个小的精神整体的潜在原型，而自性化的过程就是这个"self"从潜在转化为实在的过程。更进一步说，个人的小的精神整体可以越来越靠近最大的精神整体，也就是个人逐渐趋近于精神世界的中心，所以荣格本人认为自性化过程永远不可能完成。（鉴于荣格思想的表达非常复杂，所以也许会有人认为我上述的总结不能代表荣格。对此我不做争论，仅仅表达一下我自己的看法和理解。）

沙屉技术的理论基础与此完全不同。沙屉的理论根基来源于意象对话心理学——这是一种在本土创立的心理咨询方法——意象对话心理学的根基则是中国的传统文化。

沙屉技术运用三层沙屉，它们的外框所围起来的空间，以及里面的沙子和沙具所构成的图像，这些不是代表本我（ego）或自性，而是象征着心。里面那个用来放沙子和沙具的底盘的象征意义是"心地"。

沙屉的边界，其实本质上是无界。自我和非我之间并没有真实地隔开。我们认为有边界，只不过是一种"画地为牢"。心地本来并无人我之别，但是我们认为有我，就会在这个心地上画出虚拟的边界，而这就形成了一个"自我的牢狱"。这个思想极为深邃，我们现在可以暂时不用强行解释。我们只需要知道，沙屉屉体的边的象征意义与沙盘的边有本质的不同。

沙屉象征的是我们的心的整体。那么，为什么我们必须要有三层，而不能只有一层？

从中国传统文化思想的角度来看，心本身并无形态，但它会在这个世界上展现，就会产生一种形态，这就会形成宇宙。这里的根基理念，是中国传统文化中的"道无形而化生万物""心外无物"理念。

那么什么叫宇宙呢？上下四方曰宇，宇就是空间性。古今前后曰宙，宙就是时间性。有了时间性和空间性之后就有了宇宙，宇宙就是时空。所以沙屉的三层，可以代表上、中、下，是空间性；可以代表过去、现在、未来，是时间性。沙屉要有三层，就是宇宙时空的象征所必需的。在沙盘游戏中，沙盘象征的是被保护的自我，而沙屉所象征的是宇宙中的"万象"。这是它们的象征意义上的一个核心差别。

沙盘游戏中的"self"是什么？其实挺难翻译的。为什么挺难翻译？因为在汉语里其实没有跟它完全对应的词。目前把它翻译为"自性"，这已经是很接近的翻译了。自性需要经过自性化过程，才走向自我实现（self actualization）。所以沙盘让我们看到的是来访者的"自性"或者说是他的自我或真我，而沙屉让我们看到的是来访者心中的宇宙。

二、工具上的差异

从肉眼可见的形式上，沙屉与沙盘就有了一系列显著的差异。众所周知，沙盘游戏疗法的器具有三个组成部分"盘""沙""沙具"。沙屉在这三方面都与沙盘的设计显著不同。

"屉"变成了三层立体的，引入了时间和空间维度，创造了"心理容器"的四维空间，把平面的一个沙盘，变成了一个三层的立体沙屉。

上层的沙屉，底是透明的，因此上层的光与影会同时进入中层，产生一种非实体化的心理氛围。因此，沙屉的上层虚化了，这使得沙屉不同于沙盘那么实体化。上层和中层之间建立了"光与影"的联系，从而把空间的不同层次联系起来，避免心理上的分裂和隔离；与此同时，投影作为"阴的沙具"进入沙屉，与传统的"阳的沙具"互相映衬、关联。这些设计都表达出中国传统文化中的"和"的精神。

我们还是沿用了沙盘游戏疗法中大家熟悉的"沙"这个名称，把沙屉中的基底材料叫作"屉沙"，但其内容已经有了相当的超越性。屉沙从沙盘的"沙＋水"组合，变成了"沙、水、水晶或宝石、谷物、光、影子"等的任意组合。也就是说，屉中可以放沙子，可以放水，可以放水晶或宝石，可以放各种谷物，可以设置灯来做成光和影子的效果（可将不同材料作为屉沙，见图1-2至图1-7）。屉沙的材料，甚至还可以是香料、染色的水、花瓣、冰块等来访者认为最符合自己内心现实的任意元素。这就从结构性的心理背景设计，变成了非结构性的心理背景设计。沙盘中的"沙、水"是心理活动的统一的背景，而沙屉则认为心理活动的背景并非统一的。人的心理活动在不同的心理背景之下，会带来不同的感受。

图1-2　普通屉沙

图 1-3　水晶屉沙

图 1-4　小米屉沙

图 1-5　白沙屉沙

图 1-6　黑白米屉沙

图 1-7　上层沙具在中层的投影

　　光与影的投射，不仅起到屉沙的作用，同时也可以作为"阴的沙具"，发挥实体沙具所无法替代的心理功能。因此，就像从"命题作文"到"自由写作"的转变一样，这种没有预设的开放性，可以充分激活来访者无意识中的心理内容，促进来访者以其自身独具的创造力和灵活性，来实现非常个体化的自由表达。

　　沙屉技术中的沙具，从沙盘的标准化成套沙具，变成了成套沙具与来访者自制沙具的任意组合，同时，风、声、香、影子甚至文字等也可以是沙屉中沙具的重要组成部分。

　　沙具的这种改变，有重要的心理学意义：在意象对话心理学中，我们充分关注心理意象中的"染"。我们认为，使用标准化成套沙具所带来的一个缺憾就是，每个人的心理意象都是独特的，而预先制作好的沙具所携带的心理能量都无可避免地"染"上

了制造者本身的心理内容。当一个来访者发现没有一个沙具和自己内心的意象相同时，他就被迫用一个别人制造出来的相似沙具来代表自己内心中那个独特的心理意象。而这个做法，会使得来访者在无意识中接受甚至认同了沙具制造者的心理意象及其能量。这就导致来访者的心理受到了沙具制造者的干扰。意象对话流派把这种情况称为"染"，并且认为"染"会有损来访者的自我认知。

因此，我们鼓励来访者亲自制作能够表达自己内心意象的沙具。即便来访者最终制作出来的沙具并不能完全表达他自己的内心，也不会受到他人的心理意象的"染污"，并且他对这个沙具所代表的心理内容有充分的觉知。就好像说，当我们真正想要了解一个人的梦境时，我们需要鼓励这个做梦者通过绘画来表达他自己心中的梦境，而不是给他一些预先画好的标准化梦境的卡片来让他强迫选择。这样，哪怕他画出来的梦境和他自己心中想画的有差异，那么这个差异所反映的信息也是这个来访者的无意识心理内容，而不是别人的；并且这个"想画的"与"实际画出来的"之间的差异正好是需要被工作的对象。

与此同时，我们鼓励来访者自制沙具还有另一个意义，就是来访者在制作沙具的过程中，原本固结在那个意象上的心理内容就开始一次次、一点一滴地得到了呈现、表达和转化，这个过程就是意象对话的觉察、面对、接纳、帮助、领悟的基本过程。

三、操作方法的差异

显而易见的是，从"平面"到"立体"转变后，沙屉的操作方法有了更大的空间，在技术操作上也有了多变的形态。如果我们通过研究掌握了这些新的变化，并能够用它来做心理咨询，就会获得沙盘所不具备的一些效果。

沙屉操作的技术在本书后面的章节中将相对详细地展开。简要地说，沙屉和沙盘在操作上的不同非常明显。首先，沙屉的互动性和主体间性远远高于沙盘。虽然沙盘游戏疗法也有互动性的操作，但是相对比较少。而沙屉中有大量的双人或者多人"对弈式"的操作。沙屉和沙盘的这个区别，实际上对应的是意象对话疗法和主动想象技术之间的差别。在意象对话疗法看来，由于沙屉是"宇宙""时空"，而不是某个人的"自我"，因此，在对弈的过程中，人与人之间的互相影响就不会带来"染"，而是会将宇宙规律、心的规律，通过沙屉操作的时间和空间，在意识和无意识层面同时呈现给参与者。

其次，在沙盘中完全没有，而在沙屉中却是核心的两个技术，就是"立体交互分析"和"盲屉"。

立体交互分析：不同层的沙具间的关系、不同层的屉沙关系的互动分析，以及有意识地相互影响的技术。例如，我们会讨论和分析下层沙屉中的沙具如何对中层沙屉中的沙具产生拖曳、驱使等作用；我们也会在必要的时候，通过主动移动下层沙具，来引发中层沙具甚至上层沙具构成的格局或势场发生转化。这些做法让沙屉的心理表达力和影响力都有了跨越性的提升。

盲屉：就是有盲选、盲摆参与的沙屉。后面将使用一节的篇幅细述。

当然，我们的沙屉技术从沙盘游戏疗法中学习了很多东西。把沙具摆放在沙盘中，把沙盘底面涂成蓝色以代表水，这些基本形式的运用，以及沙盘游戏疗法中的设置和操作方式，都给了我们很多启发，奠定了我们研发沙屉技术的基础，促使我们也在实践和思考沙屉与沙盘的差异中，对沙屉的本质多了一些理解。因此，毋庸置疑，沙盘是沙屉的重要来源之一。

第二节　沙屉技术与中国文化思想

沙屉技术的理论根源可以说很大程度上是儒家、道家、佛家的思想。

它继承了佛教的理念，万法唯心造，"心为工画师，能画诸世间"。它继承了道家的理念，"天人合一"。它也继承了儒家所说的"心外无物"。

来访者的心理世界，是来访者自己创造的。沙屉的摆放过程，就是来访者用心创造自己的心理世界的过程，以一种局外人可以见到的方式展现。开始做沙屉前，沙屉就是宇宙之初。有时间、有空间，但是没有任何具体的东西。屉沙被放进屉中，也就有了心理的基本背景。这个时候的沙屉就是宇宙最初的"混沌"。当一个沙具被放在里面后，这就完全不一样了，混沌中出现了"事物"。这个过程就是心理世界的创生和起源。

沙屉技术只是心理学技术。沙屉中的所有沙具，都是摆放者的心理的象征性的形象。如果沙具中有"凶恶的龙"，就代表摆放者内心中有攻击性、伤害性的部分……总之，所有沙具都是摆放者的某个具体心态的象征。这些沙具及其在时空中的动态的关系构成了摆放者的心理世界。

各种各样的器物、植物、动物、人、建筑，各种各样的人际关系和生活方式，各种各样的心理困扰和精神疾病，其实归根结底是心——是从最原初的心里面生化出来的大千世界、芸芸众生。"心如工画师，能画诸世间。"摆放沙屉的人就是心的工画师，在沙屉中摆出心中的宇宙。

摆放沙屉的来访者打开了沙屉上的灯，于是就有了光。然后来访者在沙子中堆山、挖水池、安置树木花草的沙具、放动物的沙具，最后放上人的沙具，摆放完后他看了看，感觉这个沙屉摆放得挺令他满意的，于是这个沙屉的摆放过程就结束了。

在每一次摆放沙屉的过程中，摆放者实际上都是一个心理世界的创造者；在创造过程中所显现出来的所有意象及其故事，归根结底都是他的心理世界。

有些来访者其实只是有了"心病"。我们想把他们治疗好，就要调理沙屉上呈现的意象，调意象就是调他们的心，他们的心变了，他们的故事就变了，他们的世界就变了，他们的宇宙就变了。他们创造的沙屉变了，他们的生活就变了。

从具体技术操作上，沙屉的精神可以说是远承于河图和洛书的。河图和洛书都是可运算的意象，是"数"和"相"的结合。河图体现的是力量的平衡和转化。这之中留给中华文化的，是"中"的精神。中华文化不是对抗性的，而是交互作用性的。中和或者中庸都是这种精神的体现。中华文化注重心、注重精神，这些都使得最初的河图更像一个心理调节的指导，而不仅仅是一个数学图示。从作用、意义和基本思路上，我们的沙屉都直接沿袭了河图。

沙屉亦可以说继承了围棋。或者我们可以说，围棋是最早的互动式"沙屉"。围棋的黑子、白子，就是代表阴和阳的沙具。棋盘就是屉盘。摆放沙屉的过程就是下围棋的过程，且这种摆放是"对弈性"的或者"对话性"的。围棋被称为"手谈"，意思就是说围棋是一种对话。沙屉也是一种对话。

第三节　沙屉技术与意象对话疗法

沙屉最直接的根源是意象对话疗法。

意象对话疗法是创立于中国本土的心理咨询方法。这种心理疗法是以原始认知，也就是以意象（或形象思维）的认知方式为基础的。在意象对话的操作中，心理咨询师和来访者共同进入意象的心理世界，用象征性的意象来对话。意象对话的过程，仿佛是双方共同去想象一个神话或童话世界中的故事，或者像是双方共同去编织一个梦的过程。在这个想象的世界中，双方共同解决问题、提升自己。而在意象世界中所发生的事情，会让来访者和心理咨询师双方的心理品质都得到提升，从而提升来访者在现实世界中的心理健康水平和心理咨询师在心理世界中的觉察力。

意象对话疗法重在真诚地认识自己，直面心理问题和有关的意象，提升自我接纳力，促进人对自己的内心的领悟，以及对人心的领悟。

沙屉技术跟意象对话疗法的基本原理几乎是一致的。区别在于，意象对话疗法让来访者在想象中去浮现意象，然后在对话的过程中去领悟这些意象，从而意象故事会自发地发生转化。沙屉技术则以沙屉及沙屉中的沙具为载体，让这些意象能实体化，方便心理咨询师与来访者看见和领悟。

沙屉和意象对话都是用原始认知或形象思维来工作的，不是靠逻辑思维来工作的。在沙屉技术中，各个沙具的意象的象征意义也跟意象对话中的一样。可以说，意象对话疗法就是沙屉技术的最直接的源头，沙屉技术可以看作意象对话疗法的子技术或分支技术。

学习过意象对话疗法的人，学沙屉技术就会更方便。因为意象对话疗法中所学习到的所有知识和技能，都可以作为基础用到沙屉技术的工作中。

和意象对话疗法的基本操作相比，沙屉技术的优点在于有沙屉和沙具为工具，可以让意象更加实体化、可视化。这样，来访者和心理咨询师都可以更清晰、明确地看见这些意象。在做意象对话的时候，来访者想象到了什么意象或情景就用语词描述出来，心理咨询师根据来访者的描述，在自己心里勾画出这个形象。在这个过程中，如果来访者说得不够清楚，或者心理咨询师理解力不够好，就有可能产生误解，这样就可能会影响咨询效果。沙屉就大大地减少了这个困难，沙屉和沙具就在面前，一目了然。

另外，能用沙具把内心活动摆出来，与意象对话中的想象相比，还有一个好处：沙屉和沙具能展示出一个更全面的场景。而我们一般在想象的时候，不可能同时记住很多的人物和事物之间的关系，所以想象往往只是集中在几个主角的经历上。而沙屉则可以看作一个全息的"记忆工具"。这一点和下棋的道理一样。我们在想象中下棋，一般人最多能运算出三五步棋，但是如果我们两个人用真实的棋子来摆，就可以看到几十步甚至上百步棋盘的变化。

更值得一提的是，由于人的记忆容量有限、注意力狭窄这些天然的局限性，意象

叙事是一个有若干个重要人物参与的一个线性的故事，也就是说，意象对话中的意象故事更像一部电影。而沙屉则不同，沙屉在时间和空间上是全息的。也就是说，沙屉是一个心的宇宙，在这个宇宙中，处于不同位置上的不同沙具，会从不同视角呈现完全不同的意象故事，甚至一个故事中的主角，到了另一个故事中完全成了背景。因此在一个沙屉中包含了无数个平行并存的故事，或者说，在一个沙屉中的意象故事是相关的。与此同时，在同一个沙屉中存在的多个意象故事，在时间上也可以是完全交叉的。

沙屉在时间上和空间上都是立体的、多关的。此外，沙屉还有一个好处，那就是把主观体验客体化。当一个人想象一个意象故事的时候，他是深深地投入的，会把自己想象成故事的主人公。在使用沙屉摆放出来之后，沙屉和沙具就成了一个客观的存在。而这个时候来访者就可以站在沙屉旁边，作为一个观察者去看那个正在沙屉中进行的故事。这样，他的看法就不那么主观，可以更客观。

当然，沙屉技术也有一些不如意象对话的地方，首先它不如意象对话那么方便。心理咨询师和来访者想做意象对话时，两个人坐下来就可以做。沙屉技术却需要整套沙屉架、沙屉和沙具才可以开始工作。提供的沙具不一定都能符合来访者自己内心中的意象，所以做沙屉可能会导致微小的"扭曲"等。

没有学过意象对话的人可以直接学习沙屉。不过，学意象对话之后再学习沙屉会更加容易，更容易把沙屉的效力发挥好。

沙屉技术的创始人是我和曹昱。我们第一次公开发布这个技术的时间是 2013 年 7 月。之后，我们两个人一直在继续探索完善沙屉技术。中间偶尔在学术讨论中做报告，但都是我们自己在摸索、实践。直到 2020 年元旦期间，我们在成都开办了第一期沙屉技术培训和研讨班。由于沙屉还在初创阶段，因此在这个班上我们期望学员中的一部分人在未来加入我们的研发。至此，沙屉技术的创立宣告完成。在将来的实践中，沙屉技术还会不断改进、提高，为中国乃至世界的心理咨询和心理服务事业贡献力量。

第二章

沙屉疗法的特色

第一节　空间立体化

空间本身就是立体的。

不过我们这里所说的空间立体化，指的是沙屉通过三层的结构，构造了一个立体化的空间。用这种方式，我们可以在立体空间中展现心理意象。这样被表达的心理世界是立体化的。

任何心理器具都有一个根本的作用，就是把内心中的、内在的心理活动外化，变成一个可被直接观察的对象。内在的东西被外化之后，变成有形的东西，于是可以被直观地看到，这是第一个作用。第二个作用是，可以通过外在的载体让思维或想象的认知过程更加精确。因为外在的载体可以把内在的心理内容存储在外部空间中，使整个后面的思维推演更加精细化。这个载体可以是沙盘，可以是绘画，也可以是其他技术。第三个作用是，这些心理器具作为载体可以负载你的情绪。比如，许多人在青春期的时候喜欢写日记，就是起这个作用。当把心情写在日记本上的时候，自己的内心就会更平静。

沙屉最大的创新性和独特性，是将三维直接变为四维，在一次的创作中就同时引入了时间维度和空间维度。或者说，沙屉中的时间就是空间，空间就是时间。所以说，沙屉表达的就是一个完整存在着的内心世界，包含了过去、现在和未来。和沙屉最接近的沙盘，如果要引入时间维度并在时间线上观察，就需要在现实世界中展开一系列工作，多次摆出沙盘，通过在现实世界中创造一条时间线来实现这个功能。而沙屉则不然，每一个创造的瞬间都是同时有空间、时间的。这也是沙屉和沙盘、绘画等技术的一个根本理念的不同——对于沙屉而言，时间和空间是同一个东西，而不是两个。一旦时间和空间被割裂，心理世界就被割裂了。实际上，沙屉的理念基础更符合现实。因为在现实世界中，一个事件的发生过程中的每一个瞬间，其时间和空间都是同时的，而不是先被割裂成很多张照片，然后再通过快速播放来整合被割裂的时间和空间，最终让这个事件显得仿佛同时有了时间和空间。

沙屉的独特性还体现在空间立体方面，把三维空间变得更丰富，让平行世界同时存在于同一个作品中，能够被大家看到和领悟到，这是沙屉有别于沙盘游戏等西方技术的地方。

沙屉是三层的，是空间立体化的，这个特点在实操中有什么意义呢？其意义在于能更好地反映人的心理。

我们的心理空间本身是立体化的，我们通过沙屉的立体化空间就可以把我们的内部心理空间直观地表现出来。

例如，精神分析理论认为，人格由三个部分构成。这三个部分叫作本我、自我和超我。如果我们只有一个平面的单层沙盘，本我、自我和超我都通过具体的沙具在里面表达，我们就需要靠分析来分辨哪些沙具代表本我、哪些沙具代表自我、哪些沙具代表超我，分析起来有一定困难。但是使用沙屉对于心理咨询师来说就更简单，并且来访者因为能够直接看到自己的内心世界而有效地降低了阻抗。我们可以通过一些实操、设置以及独特的分析方法，使得这三个部分变得更加一目了然。这样我们在常规咨询中需要多次工作的内容，在一次沙屉摆放中就可以达成。

沙屉的空间立体化可以让我们对心理活动过程的"推演"更加清晰，使得沙屉对未来发展有更准确的预测性。这也是因为沙屉中的时间和空间是未分裂的，一花一叶都包含了过去、现在和未来。

我们用不同层的沙屉来代表人格的不同层次。这样，人格的不同层次之间的关系就可以显现在沙屉中。我们也可以以此为根据，更清晰地观察在人格的不同层次中不同结构之间的影响。变动一个沙具，不仅影响其他沙具的受力，也会影响上层和下层中的沙具的受力，让整个系统受到扰动，从而带来未来的转化。

在立体化的沙屉中，这些隐藏在静态沙屉世界中的心理暗流会给未来的哪些沙具带来位移，故事在未来朝向何处发展，都会在我们的视角下呈现出来。

沙屉的空间立体化可以分层次地承载人的情绪。

在一个情境中，人被激发的情绪几乎总不是单一的，而是多种情绪的复合。有些情绪是原发的，有些是继发的。心理咨询师和来访者往往从一开始只能看到最表层的继发情绪，但未必知道原发情绪是什么。靠着有经验的心理咨询师的帮助，来访者可以逐步化解表层的继发情绪，看到里面更早的一层情绪，然后经过一层层地化解和发现，最后才可以看到原发情绪并化解它。

在沙屉中，在空间立体化的基础上，不同层次的情绪本身就可以由不同层的沙屉来承载。我们可能会发现下层沙屉的情绪基调不同于中层，中层沙屉的情绪基调也不同于上层。在沙屉中，不同层次的情绪就可以由不同层的沙屉来负载。这样不同的情绪之间就相对更不容易被混淆在一起，或者用意象对话的术语说，就是不容易"染"。

情绪不"染"在一起，相互之间的牵制少，找到三层"不同的心理现实"之间的关

联就变得更容易，化解也就更加容易。而且，我们也不是必须从继发情绪开始一步步推进到原发情绪，而可以根据当下来访者与我们互动的情况来灵活地决定先化解哪一层次的情绪。这样心理咨询的效果和效率都会有所提升。

第二节　时间立体化

时间立体化简要地说有两个要点。

第一个要点是，把线性的时间通过沙屉扩充为圆环的时间。换句话说，过去、现在、未来不再是分割的，也不再是僵化的。过去就是现在，也是未来。因为一个心世界就是一种心生活脚本，在方方面面、时时刻刻循环重演。而所谓过去、现在、未来，不过是我们的自我意识依据自身这个中心点创造出来的概念。

第二个要点是，许多平行的空间并存于同一个沙屉中。也就是说，在一个沙屉世界中，站在不同视角会看到完全不同的过去、现在、未来。在这些不同的时间版本中，并没有哪一个是唯一的、正确的时间，也没有哪一个时间版本比另一个时间版本更真实、更正确。时间只是从观察者视角构建出来的一个虚拟的容器，可用因果关系编织出的一个能被理解和讲述的心灵故事。举个例子说明一下。

在一个沙屉中摆着这样几个沙具：在上层沙屉里，一个长着白翅膀的孩子飞在高空中，在中层沙屉里有一座房子，上层沙屉里孩子的位置正好在房子的上方，而他的脸正好背对着房子的大门；房子外面的花园里有一个女人正在挖开一株植物下面的地，远处有一个男人在树林里伐木；下层沙屉里有一片没有被怎么抚弄过的沙，没有任何沙具被摆放进入下层沙屉。

视角 A，一对丁克男女正幸福地生活着，有房子、有花园，男人和女人各司其职，都有自己独立的空间，并且和谐地生活在一个屋檐底下。当然，如果他们需要，他们的家园还可以继续扩张，因为底下还有一大片土地等待着他们去开垦。

视角 B，一个男人和他的美丽贤良的妻子生活在一起。这两口子并不贪心，在这片土地上辛辛苦苦地建设自己的世界，他们已经建起了房子、花园，还有一片果园。未来当果实挂满枝头的时候，他们将儿女成群。

以上只是例子，只列出了两个由时间因果链条穿起来的意象故事，每个视角中的过去、现在、未来都是不同的，但每个视角都可以自圆其说，表达着观察者的个人经验以及心理现实。但我们并不能说这两个视角中的哪一个是唯一正确的，或者说哪一个比另一个更正确、更真实。所有这些不同的视角都是平等的。

时间立体化在沙盘的实操应用中有一个优势，就是可以更清晰地区分不同的时间，不会让不同时间的事情"染"在一起。

在心理世界中，不同时间发生的心理事件之间会互相影响。例如，在精神分析理论中有个概念是移情，移情指的是人们在生活中，在跟现在的人交往的时候，经常会受到过去的经历的影响。例如，一个人在童年时常常受到父亲严厉批评，成年后遇到一个和父亲有些相似的上司，就会对上司很不满。这是因为他把过去和现在混淆了，这就是移情。怎样让过去和现在不混淆？精神分析流派有一个做法，就是给这个人做精神分析：帮助他分析他的上司是怎样的，跟他的父亲有不一样的地方，让他自己来辨别一下哪里不一样。这种方法的确可以帮助来访者消除时间上的混淆，但这个方法很耗时，所以精神分析有时需要数以年计的时间。精神分析法依赖于精神分析师的能力，精神分析师的能力越强，越容易清晰地理解来访者产生的混淆，就可以用更好的方式来帮助来访者分清现实。培养一个优秀的、"功力"深厚的精神分析师，是一个耗时良久且耗费精力、人力的过程。

如果我们用沙盘把时间立体化，就可以直观地区分出不同时间的心理内容。沙盘的下层一般代表过去，中层代表现在，上层代表未来。我们可以更容易地消除时间上的"染"，不一定需要靠高水平的精神分析师的帮助（当然，如果条件具备，有高水平的精神分析师介入还是更好的）。

总之，空间和时间的立体化，带来的好处是沙盘对人的心理活动的表达力更强。因为沙盘是四维的，是空间和时间维度加起来的四维。其表达力就会比平面的好得多。而且通过立体化分出层次之后，心理内容的混淆或者"染"就可以得到区分。沙盘是去"染"的很好的心理工具。

第三节　互动性

在讲沙盘的互动性之前，我们先要了解它的基本原理。

沙屉象征宇宙。还没有摆放任何屉沙和沙具，也没有被触动的沙屉，其象征意义是宇宙万物都没有出现的时候，也就是道家所说的"无极"。

在来访者开始在沙屉上有所动作之后，就会有意象出现。各种屉沙和沙具就是各种意象。

意象有很多种类，有些意象更加原初，有些更加复杂。最单纯、简单、原初的意象是"气"。沙屉中的沙子可以被看作混沌中的气的意象。

气可以不同，最基本的不同就是分为阴阳之气。把某个区域的沙子堆高代表阳气，挖掉沙子露出这层沙屉的底代表阴气。也可以用沙屉中两种代表阴阳的最基本的沙具，如黑色的和白色的小石子，分别代表阴阳之气（或者我们可以把这些黑色的和白色的小石子不看作沙具，而看作最基本的两种沙，即黑沙或白沙）。

说到这里，我们给出沙屉中最基本的"交互性"了。沙屉可以用各种方式来表现交互性，其中最基本的方式是两个人交互摆放黑子和白子，通过两个人轮流摆放石子体现出最基本的阴阳变化。这是最基础的交互性的沙屉——从沙屉理论上看，围棋就是最古老的一种沙屉的形式——我们会发现阴阳二气会有无穷的变化。任何心理状态，其实仅仅用黑白两色的石头做沙具（或者做屉沙），就都能表示出来。

所以我们说围棋是世界上最早的一种中国"沙屉"。它不用放沙子，是没有四周的框的这么一个盘。在这个盘的上面横竖都各有19道，划分出空间界限。围棋的摆放就是我们用象征阴的黑子或者象征阳的白子，在上面摆出阴阳二气的变化方式。围棋比的不只是技术，更是心态，这和沙屉是一样的。

值得一提的是，在沙屉中，并不是某个沙具就是阴气（或阳气）的沙具。一个沙具是阴气还是阳气，要在沙屉的局、势、能、力中去界定。围棋更简洁。围棋中的黑子不会变成白子。但在沙屉中则不同：某一个沙具，放在这个场景下是阴气，而换了另一个场景就变成了阳气；同一个沙具，上一次是阴气，这一次就是阳气；当某一个沙具发生了位移时，原来的阳气沙具就变成了阴气沙具；经过上屉射入了一道光进入中屉，中屉中原来沙具的阴阳二气就发生了转化；等等。

那些非互动性的疗法在理论上隐含着一个假设。它们假设人有一个"潜在的真实自我"，这个"真实自我"是来访者的"本质"。人之所以有心理问题，是因为他们的自我成长过程被外界力量阻碍了，心理咨询应该让这个真实自我自由发展，这样真实自我就会健康成长。这种疗法通常会反对心理咨询师干预来访者的行动。它们会假设：心理咨询师如果进行干预，就可能会干扰这个真实自我的成长过程。它们坚信：只要心理咨询师提供合适的条件，来访者就可以发展出真实自我，而这个发展出的真实自我应该是健康的。某些学派直接把这些假设看作公理，很多学派虽然没有明确承认，但由于受到这种假设的影响，因此在操作上就倾向于尽量减少咨访之间的言语和行为互动。

如果按照这种思路去使用心理工具，就应该只让来访者自己自由地使用工具，而心理咨询师就不要去动手了，心理咨询师最好只是坐在一旁观看。心理咨询师甚至都不应该把自己的分析和理解说出来，只要看着、陪着、听着就好。

但沙屉的理念并非如此。

我们并不认为有固定的"潜在自我"或"真实自我"。我们认为，即使有相对比较固定的"种子"，长出来什么样子在一定程度上是和环境交互作用的产物。无生命的物体，如铁，它的性质是单纯的，我们可以排除其他因素的干扰，在实验室内研究它在某个唯一的影响因素的作用下的性质。但人不是这样的，我们不可能让一个人在完全"不受别人的干扰"下成长。人的精神只有在互动中才会衍生出来，自我本来就是在社会互动中被构建出来的产物。

心理咨询师不干预，在我们看来是不可能的。有些人误以为，心理咨询师不做什么事情，就等于不干预，甚至认为这就是道家所说的"无为"。我们认为这显然是一种对"无为"的误解。不做什么，也是在做一件事，就是做了"不动"这件事。而这件事的意义是什么，要看来访者怎样解读这件事。如果来访者把这个解读为"他让我自由自在"，就会有积极的感受。小时候被父母管教得太严格的来访者可能格外喜欢被这样对待。如果来访者把这个解读为"他不打扰我"，而来访者恰好是一个内向的人，也许会感觉良好。但如果来访者把这个解读为"他对我并不关心"，或者"看来他对我挺戒备的"，或者"他在刻意和我划清界限吧"，或者"他干吗这么害怕做错呢，难道他觉得我是个很难缠的人吗"，那么"什么都不做"就为来访者制造出了一些本来不必要的心理困扰。所以，没有所谓"不干预"，心理咨询师的任何"做"与"不做"都是干预。

因此，"不干预"是干预，"干预"也是干预。这两种方式没有哪一种天然优于另一种，所以在沙屉实操中我们会根据情境需要来选择是否干预。但总体说来，相比于其他流派，沙屉技术会容纳各种互动式的干预。

沙屉允许互动，甚至鼓励互动，但是我们也知道，虽然来访者和心理咨询师可以一起使用沙屉并进行互动，但双方在这个过程中的角色不同，在互动过程中心理咨询师是负有伦理责任的。心理咨询师需要有足够的觉察能力，有意识地围绕来访者的内心需要，通过互动来帮助和支持来访者。来访者可以自由地表达自己的冲突和意愿，

宣泄自己的情绪，而心理咨询师则更多需要考虑自己如何回应来访者，而不应该尽情表达自己内心的冲突、情绪和意愿。

心理咨询师需要通过学习和成长，让自己有能力负起这个责任。

心理咨询师的存在，可以被看作沙屉中的存在，或者说我们可以把心理咨询师看作沙屉的一个组成部分。从表面上看，让心理咨询师将沙具摆放在沙屉中，或者让代表心理咨询师的沙具被摆放在沙屉中，是观察心理咨询师以什么方式存在、如何对来访者产生影响的方法。从更深一层来看，心理咨询师与来访者身体的位置、每个心理咨询师独特的人格氛围等都会潜移默化进入沙屉中并被来访者摆放出来。

事实上，有意识地发生互动性的做法，会让沙屉更有穿透力，不但会更有表达力地展现出来访者的内心以及心理咨询师的内心，更重要的是，还可以将咨访关系中发生的人际互动模式，更为清晰、直观地显露出来。这种明明白白地展示互动的作用是在非互动性的操作中很难被看清的。

除了来访者和心理咨询师互动之外，也可以将沙屉作为工具让两个或多个来访者互动。在伴侣沙屉中，可以让两个来访者互动。在家庭或团体沙屉中，则可以让多个来访者互动。

当沙屉用于心理健康的普通人的时候，沙屉也可以用作日常"手谈"的心理互动工具。在这种情况下，玩沙屉的人就不叫作来访者，而可以叫作参与者。

这种无心理咨询师介入，几个参与者平等参与的情况，就可以说谁都没有责任来帮助别人了。我们只是建议他们互相支持和互相帮助。

第四节　灵活性

由于沙屉具有平行时空这一核心特征，使得沙屉技术的灵活性特别强。

沙屉可以有很多种不同的使用方式。

通常我们在学习一种心理咨询方法时，往往都希望了解和掌握一些关于如何操作的、固定的规则，知道怎样做是对的，怎样做是错的。

但是沙屉不同，它的灵活性很强，可以有很多种完全不同的使用方法。不仅如此，心理咨询师或心理工作者还可以创造新的使用方式，设定新的游戏规则。虽然那些新的使用方式并不是我们这些创始人所用的，是我们都不知道的，但它们依旧可以是很好的。在这一点上，沙厢反而有一点像扑克牌而不像围棋了。因为围棋只有一种规则，但是扑克牌可以有多种不同的打牌方法，可以用来打桥牌，也可以用来玩争上游、拱猪等。从整体上，我们很难说什么样的沙厢使用方法是错的，但也不是说什么都是对的。当然，在每一次使用的时候，我们可以和来访者或参与者设定玩法，在这一次这样用就是对的。这就如同拿到一副扑克牌，我们可以在这一次设定说，"今天我们玩拱猪"，那么对于这一天来说，拱猪的规则就是对的。沙厢也是如此。

　　沙厢可以单人玩，也可以双人玩，还可以多人玩。沙厢的三层可以按照时间分为过去、现在、未来，也可以按照空间层次分为上层、中层、下层。三层可以分别代表领导、中层员工和普通员工，可以代表祖父母、父母和父母的孩子；也可以代表丈夫、双方关系和妻子，还可以代表理想、现实和潜在力量……

　　可以在明亮的灯光下玩沙厢，也可以在暗淡的灯光下玩，甚至可以在黑暗中玩其中的某些部分。可以配乐去玩沙厢，也可以配着熏香去玩。在摆放沙厢的过程中，来访者和心理咨询师可以不说话，也可以随时对话；可以只有做沙厢的来访者说话，也可以来访者和心理咨询师对话。

　　沙厢可以作为心理咨询的工具，也可以作为一种日常游戏活动。

　　沙厢可以与意象对话相结合，来访者可以在摆放沙厢期间，闭上眼睛做一段意象对话，也可以结合心理剧，把沙具所摆出的情境演出来。

　　与其说沙厢是一种单一的技术，不如说以沙厢为工具来构筑一个心理表达和互动的平台。平台可以用来承载各种心理学的应用。

　　沙厢只有一种情况是错的。那就是心理咨询师在引导来访者摆放沙厢的时候，没有用心。心理咨询师没有用心，就靠近不了来访者的心，从而没法了解他。只要真用心了，用什么具体方法都是可以的。

第三章
沙屉的心理学理论基础

如果我们只是沙屉使用者，并不一定需要懂得它的心理学理论基础。但如果我们是心理咨询师，把沙屉当作心理咨询工具使用，就需要对它有一定程度的了解。

第一节　意象对话体系中的三种认知系统

人类的认知方式在不同的层次是不同的。

如果我们用电脑的操作系统来比喻人的认知系统，那么人有多种"操作系统"并存。我们在电脑上安装了新的操作系统，就可以删除旧的操作系统。我们现在所用的电脑都不会再有 Windows 2 这种老旧的操作系统了。但人不是这样的。

归根结底，人是一个进化的产物，在不断进化的过程中，其认知也在不断地转变。在不同进化的层次中，人的认知系统也不同。不同认知系统的认知方式不一样。

如果细分，认知可以有无数个层次，但粗分就有三层，即三种认知系统：远古认知、原始认知和现代认知（逻辑思维）。

一、远古认知

第一种认知系统，我称它为远古认知。它在心理学中被称为"躯体—动作性认知"或"条件反射性认知"。心理学对此术语的使用，尚没有统一。

条件反射这个术语，是被应用得最广泛的。行为主义心理学家很早之前就把这个术语用作他们的核心术语。但是我认为，这个术语有一个缺点，就是忽略了个体主观的感受。行为主义心理学家认为条件反射的重点是刺激和反应之间的关系，即使提到中介过程，也并不研究人的主观体验。这和行为主义学派的方法论选择有关，他们会拒绝对主观体验进行研究。

条件反射发生时，客观上是一个刺激导致了一个行为反应，而同时在主观上个体还有一个很强的感受。例如，有个人在过去有创伤，在战场上被吓到了，他离开战场之后，听到鞭炮声就吓得浑身出汗，不敢出门，这是条件反射。但是我们要知道，在这个条件反射过程中，这个人不仅仅在行为上表现为不敢出门，同时他还有一个极度恐惧不安的情绪。他听见鞭炮声后会有一个很强烈的恐惧感受。这时发生的认知活动，是一个带着感受的条件反射。

讲条件反射的心理学家忽视了一个非常重要的东西，那就是远古认知对心理经验的整合。条件反射只是一种自动的反应，简要地说，在条件反射的基础上，人还会对这个心理经验有一种理解。人会在内心中对这个心理经验中的对象进行命名。比如，在上述的例子中，被命名的对象就是战争。然后，他会有一个总结出来的信念，如"战争太可怕了"。而他在战场上的记忆、恐惧的感受等，都和这个"战争太可怕了"的信念结合在一起了，这就构成了一个整合的心理经验（所谓创伤后应激障碍，就是条件反射形成了，他会对类似的刺激产生逃避等反应，也会感受到强烈的恐惧情绪，但是对这个心理经验的整合没有完成）。因此，条件反射这个术语并不完全准确。

躯体—动作性认知这个术语来自皮亚杰，说的也是这一层的认知。例如，在一个视频中，有的小宝宝被放在床上，有的被放在婴儿床里，有的被放在大床上，他们想从床上下来。我们发现他们会摸索出多种方法，最简单的就是爬到床边，然后掉转头，让头朝向里、脚先下去。对于高一点的床，小宝宝发现踩不着地，就先爬回去找枕头，然后往脚底下扔枕头，扔了三个枕头后就在那个地方下脚。还有一个小宝宝，他待在一个小的婴儿床上。他想上旁边的大人的床，但婴儿床和大床之间有一定距离，他就在婴儿床上摇晃，摇晃着的小床靠上了大床，他就顺着栏杆爬过去，前半身先探出去，再将身体一滚，就翻到大床上了。

你会发现这些小宝宝都很聪明。但小宝宝是怎么"想出来"这些方法的呢？实际上这时他们是没有形成逻辑思维的。但他们为什么能做到这个？他们解决问题的主要方法实际上就是靠摸索，或者叫作尝试，就是在躯体层面通过一些动作去摸索、尝试。他们在一边感受一边行动的过程中，会得到一些领悟。在某些时刻，他们会突然弄明白了"原来这样晃，床就会动"，这样他们就懂了一个小小的客观规律或主观心理规律，形成一个信念（虽然这个信念常常不是以语言形式存储的也不能用语言表达，但可以成为一种经验知识，可以迁移到以后的类似事件中，指导以后的行动）。从躯体—动作性思考这种角度来分析这个层次的认知时，皮亚杰关注到了行为主义心理学家没有发现的那个整合。

这种认知方式在进化过程中是低等动物的认知方式。

二、原始认知

第二种认知系统，就是所谓原始认知。

原始认知这个术语是我提出来的，这种认知也有别的名称，有人把它叫作形象思维。我个人认为形象思维这个词有点不太理想。形象思维这个词太强调思维了，没强调里面的情绪。而实际上这种认知活动是和情绪密切联系的，是一种感性的认知。皮亚杰把它叫作具体思维。

沙屉疗法的基础是意象对话心理学，在意象对话心理学理论中我们把这种认知叫作原始认知。

原始认知不是靠一些具体的、初级的感受，而是在自己的大脑里面形成意象，在大脑里面运用这些意象去推演、去想象，然后通过这样的推演和想象，在他内心构筑一个内心故事，然后通过内心故事去预见未来，并在此基础上做出行为选择。

原始认知是哺乳动物包括原始人类都用的认知方式。

为什么我们说哺乳动物会用原始认知，这是因为心理学研究发现，哺乳动物已经会做梦了，做梦就是原始认知。不会做梦的动物就说明还没有这种认知能力，会做梦的就有。心理学家发现，做梦时会有快速眼动睡眠和脑电波的快波运动。鱼类和爬行动物没有快速眼动睡眠，而哺乳动物（和鸟类）有。当我们用手术的方式把哺乳动物脑中负责睡觉时对行为抑制的部分切断的话，它就会梦游，这也说明它能做梦。由于哺乳动物能做梦，因此我们知道它可以使用原始认知。

原始人类的主要认知方式就是原始认知。

原始认知在运算时所用的工具是意象。意象是有象征性的，也就是说，一个形象不仅仅代表它本身，还可以用来象征心理品质。比如，"威严"这种心理品质是无形象的，但是我们可以用"虎"的形象来象征"威严"，从而可以对"威严"这种无形的心理内容进行思考。

通过意象与意象的关系，我们可以去认识和思考各种心理内容之间的作用，最终可以构成对身心世界的整体的认知。

三、逻辑思维

第三种认知系统叫作逻辑思维。逻辑思维的基础，是先有各种概念，然后通过语句用概念构成一些命题，再按照形式逻辑或辩证逻辑等，把这些命题结合起来，建构出理论，并用理论来解释世界。我们的所有科学理论，都是由逻辑思维构造出来的。

这就是我们的三种认知系统。

四、三种认知系统的比较

说起人的三种认知系统，有些人可能会产生一种误解，认为远古认知是低级的，原始认知进步了一点，最后产生的逻辑思维最高级，因此可能会轻视远古认知，认为逻辑思维最重要。人们会有这样一个误解是进化的理念导致的，认为进化后期的肯定比进化早期的更高级。

其实对于认知来说，并不能说后面的就肯定比前面的更高级。它们只不过就是不同的认知方式，就像温度、湿度、长度这三种计量方式并没有哪个比哪个更高级的区别，对于认识世界来说它们各有优势和局限性。例如，进化中最后出现的逻辑思维在运算的抽象性方面以及运算的精密性方面，当然远远超过原始认知和远古认知，但是它在对情绪情感的运算上，就失去了原始认知的优势。因此，过度使用逻辑思维的人，情绪管理能力反而不如使用原始认知的人。

我们不能拿一个人主要使用哪种认知系统来评价他的认知能力。如果说数学家用的是现代逻辑思维，诗人用的是原始认知，舞蹈者用的是远古认知，我们不能因此就说"数学家的认知能力高，舞蹈家和诗人的认知能力低"。我们要用他们自己所在的认知系统中所达到的相对高度来评价他们。

使用逻辑思维的，可以和其他使用逻辑思维的去比较，看谁的能力更强一些。如果数学家不和数学家比，他或者还可以和搞逻辑学的哲学家去比，但不能去和诗人比较。诗人除了和诗人比较之外，也可以和画家、小说家来比较想象力。因为他们使用的都是原始认知。那些在自己的领域中主要使用远古认知的人可以演杂技、做运动员、练武术、跳舞、做瑜伽，或者成为一个手工匠人，他们互相之间倒是有一定的可比性。

在远古认知中，那些唱歌跑调、跳舞没有节奏、笨手笨脚的人是低能力者。那些特别好的舞蹈家、武术家、工匠就是高能力者。在这个层面的领悟是什么样呢？比如，我练一个太极拳动作，一开始我总觉得好像不对劲，有一个动作做得别扭。于是我不断地练，体会和摸索这个动作，到某一天突然就顺利地完成这个动作了，感觉劲儿用对了。我不需要出去跟别人挑战，验证一下这个动作是不是对了，但是感觉会告诉我这个动作做对了。这就是远古认知的"领悟"。

在原始认知中，那些想象力强的就是高能力者。想象力强的人能够写出好的故事，能够做出好的曲子，能够想象意象可以怎样转化。原始认知层面的高能力者，通

常我们会说成审美能力强的人。因为"美"就是原始认知中好的认知所带给我们的感觉。美、和谐都说明在原始认知中有了一个好的答案。在原始认知中，我们能感觉到什么样的图形是不对的，什么样的更美、更和谐，这些就是原始认知层面能量高的表现。原始认知的领悟，也不像逻辑思维一样有固定的正确答案，但它也是有一种"对了"的感觉。举一个例子，我们看古典中国园林，如颐和园、拙政园等，那里面的路一定不是直的，地一定不是平的，树就是这边两棵那边两棵的，不会被种成整齐的一排，没有固定的标尺，但它们是错落有致的。什么是错落有致，什么不是呢，这就要用原始认知去发现了。

在逻辑思维中，那些高智商的就是高能力者。逻辑思维能力强的人，可以精确地推理和计算。每个人都有自己的天赋，但是每个人的天赋会表现在不同层次。

五、沙屉中的认知系统

沙屉用于心理咨询，其基本原理是运用沙屉这个工具来启动来访者逻辑思维之外的认知系统，最终使三种认知系统在一个人身上达到贯通，帮助一个人心口如一、表里一致，从而调和一个人不同部分的内心冲突。其中最基本的方式是，通过激活远古认知和原始认知系统，使得一个人去对自己的身心活动进行观察，这样个体就会发现原来自己心中不同的认知系统，在面对同一个人或者同一个境遇的时候所秉持的价值观、态度是完全不同的，从而发现这些正是心理冲突的重要来源，最终获得心理上的领悟和转化。

在沙屉中，逻辑思维基本上是不太需要刻意去启用的。一方面，人会自发地使用基本的逻辑思维去参与整个沙屉工作。另一方面，人在分析沙屉的时候，也可以用一些逻辑思维。但是在摆放沙屉的时候如果逻辑思维参与过多，就没法表达内心中更深层的感受了。

摆放沙屉的时候所用的最主要的是原始认知。沙具就是用来代表人想象中的那些意象，就是把原始认知的活动在沙屉中展示出来。当我们把内心的逻辑思维活动外化的时候，我们可以靠写文字。文字就是概念的符号，文字之间通过关系形成语句和段落，就是被外化并且可以被看见的推理过程。我们需要把原始认知的活动外化出来的时候，就可以用沙屉。沙具的作用就相当于文字符号，用来表达意象。整个沙屉上所摆放的沙具就是一个故事，它就相当于由文字构成的文章。

在摆放沙屉的过程中，远古认知会大量参与。通过远古认知，来访者在摆放中来回试着换位置，体验在不同位置摆放沙具所带来的感觉，体会一个沙具的移动带来的心理能量流动对其他沙具及整体沙屉带来的影响。

因此，我们可以这样总结：摆放沙屉的过程，是以原始认知为主，结合远古认知对心理内容进行观察与思考的过程；分析沙屉的过程，则是以原始认知为主，结合远古认知，使用逻辑思维去进一步理解和领会心理内容的过程。通过这些认知，来访者内心发生的未完成事件被心理咨询师及来访者看见和理解，使得原来卡在心结上的心理能量得到释放，从而帮助内心被创伤所占据的来访者重新获得自由，通过自主的选择，心理能量以建设性的方式重新流向新的方向。这就是三种认知系统在沙屉疗法中的应用。

第二节　驱力：愿和欲

人的所有心理活动，说到底都是被内在驱力所驱动的。内在驱力的存在，是生命和非生命最基本的区别。非生命是被外在的力量所驱动的，而它自己没有内部的驱力。人类所设计的机器，如汽车，好像有很大的驱力，但是那力量只是汽油燃烧所带来的，汽油燃烧的力量推动了汽车的发动机，于是汽车就可以行驶。但是汽车并没有一个"我要动起来"的内在驱力。

人的内在驱力可以分为两种，一种叫作愿，另一种叫作欲（愿和欲是更准确的术语，愿望和欲望是更生活化、通俗化的说法）。

愿，更接近自由意志。纯粹的愿，就是自由意志的化身。欲和需要是联系在一起的。当我们需要某种事物时，我们就对它产生了欲望。纯粹的愿是完全无条件的；掺杂了欲的愿，也是相对不受条件限制的。而欲是条件性的。愿是一种心的自主趋向性，是有方向而没有目的的，所以是轻松的。而欲是"得不到就难受"的一种身不由己的焦虑，有一股不达目的不罢休的强迫劲儿。

一、愿与自由意志

纯粹的愿，是无规律可循的。因为自由意志不受限于任何既有的规律。目前心理

学对纯粹的愿实际上并没有研究。这是因为，主流心理学流派不承认自由意志的存在。自由意志不符合任何规律。因为有任何规律，都说明这个主体是受外部的力量所控制的，都不是自由的。如果童年经验让一个人产生了某种驱力，那么这种驱力不是自由意志，而是童年经验在影响着这个人。如果社会影响让一个人产生了某种驱力，那么这也不是自由意志，而是社会力量在驱动着这个人。我们大多数自以为的自由意志，实际上都不是自由意志，有因果关系就不是自由意志，所以真正有自由意志的就已经从因果中解脱了。没有因果就没有科学，在当代体系中，心理学作为科学，尤其是建立在统计学方法上的科学，是没有办法研究自由意志的。

愿在人生的过程中是很少的，甚至是几乎从未真正发生过的。在绝大多数时候我们都是被欲所驱动的。

不过，意象对话心理学发现，我们每一个人在来到这个世界的时候都已经有了一个自己的基本心愿。在刚出生时基本心愿中欲的成分相对比较少，而愿的成分很大。对于多数人来说，这就可以近似地说成一个自由的愿了。刚出生时，新生儿和这个世界几乎还没有建立联系，几乎没有受到规律或条件的影响，欲的成分更少，愿的成分就比较多了。

意象对话心理学发现，人刚出生时所带着的基本心愿可以分为信、爱、知、行四类，而常见的是爱、成就和体验的心愿。或者我们可以说，在人生经历中有些人是为了实现爱而努力的，有些人是为了有所成就而努力的，有些人是为了体验和经历而努力的。

二、动物层面的欲

我们常谈论"自己的愿望是什么"。其实我们这里所说的"愿望"大多都不是愿而是欲。如果你在沙漠里遇到一个灯神，灯神说"我可以满足你三个愿望"。通常大家所说的第一个愿望都是"我要喝水"。这不是愿而是欲。因为在沙漠中人太渴了，所以会要水。需求带来的是欲，愿跟你渴不渴这件事没关系。

欲更容易被推测，因为在某一时刻一个人需求什么就会有什么欲，他主观感觉越缺少这个东西，那么他对这个东西的欲望就越强。因此我们可以从一个人缺少什么来推测一个人所欲求的是什么。

人作为一种生物，有生物本身的基本需要，从这些基本需要出发就有生物性的基本欲望。但人除了有动物性之外，还有人性和社会性，所以从人性和社会性的需要出发，就是人性层面的欲望和社会性层面的欲望。

动物层面的基本欲有很多，最主要的有以下五种。

第一个欲，实际上是以食欲为代表的，对资源的欲。饮食是动物的最基本的需要，除了饮食之外，人还有对其他资源的需要，如需要住处、需要衣服、需要药物、需要交通工具……在这些需要的基础上产生的就是对资源的欲。钱作为一般等价物，通常是人们在满足所有这些欲时最有用的资源，所以这个欲到了现代人身上通常会表现为"金钱欲"的形式。

第二个欲，是性欲。在生存下来之后，动物最重要的需要是繁殖。繁殖才能延续自己的基因。对于动物来说，延续自己的基因是强有力的本能需要。

第三个欲，是安全欲。安全是动物重要的需求之一，没有了安全，其他任何需要的满足都将没有任何意义和保障。

第四个欲，是依恋的欲或者亲密的欲。这是哺乳动物特有的需要，就是跟某人建立依恋的关系，互相成为最主要的人。依恋欲的满足，会大大提升人的幸福感。

第五个欲，是权力欲。对地位的欲，是权力欲的一个化身。有了权力，一个人的其他欲更容易得到满足，只不过权力对依恋欲的满足用处不大。有权力的人，未必家中更有亲情。甚至有时候，权贵家中比一般家中可能更冷漠无情。历史上有些攀附权力的人，会通过伪装亲善的方式来满足有权力的人的亲密需要，这就是所谓佞臣。

三、人性层面的欲

人性层面的欲是为了满足人性层面的需要。所谓人性层面的需要，是为了保护精神自我的健全而产生的需要。满足这些需要的那些驱力，就是人性层面的欲。

人性层面的欲的种类有很多。其中最基本的欲是对自尊的欲。

自尊，是保护精神性的"自我"存在的前提。一个人如果没有了自尊，他就不再能保持自己独有的价值观，不能坚持自己独有的特质，那么在精神上他就不再是一个独立的自我。没有自尊的人的身体是独立的，但精神却成为别人的一部分，那就不能算精神上有自我。

一个动物被另外一个动物欺负了，然后它和欺负自己的动物搏斗，这不是维护自尊。动物在和欺负他的动物打斗的时候，它无非追求的是安全、食物、配偶、地盘和权力。但人为自尊而斗争的时候，他宁愿失去种种利益甚至献出生命，也要维护自尊，因为"做人就要像个人样"。

第三节　沙屉的工具性质

一、沙屉是原始认知工具

沙屉是一种工具。工具被人们创造出来，是为了给他们自己提供某些功能，来更好地满足某些需求的。沙屉当然也不例外。借助沙屉，一些心理操作可以完成得更好。这就好比我们借助工具所做的任何事情，都是我们本来就可以做的，只不过有了工具会做得更快、更好而已。就像是，没有乐器，我们也可以靠自己的嗓子来享受音乐，只不过有了乐器，我们的音乐更加丰富多彩了而已。

沙屉是原始认知的工具，但没有沙屉我们也可以进行原始认知。意象对话就是使用原始认知进行心理咨询与治疗的方法。但是有了沙屉，用原始认知进行心理咨询与治疗会更加方便一些。我们在进行逻辑思维运算的时候，可以将笔和纸作为工具，在纸上演算逻辑的推理过程。我们在做原始认知的时候，就可以用沙屉做工具，在沙屉上演出意象的转化。

沙屉技术是意象对话疗法的一种特定表现形式或一个组成部分，是借用工具的意象对话。既然工具的存在是为了给人类提供某些功能，来更好地满足某些需求，那么沙屉可以提供哪些功能，来更好地满足哪些需求呢？

既然沙屉是一种心理工具，那么它就是为了应用于心理学领域而存在的。

第一，沙屉这种心理工具的使用，可以把人们自己内心中的意象以及意象之间的相互作用变成可视的外化的形象。这样，那些看不见、摸不着、留不住的"心思"，就可以变成看得见、摸得着、留得住的"心理现实存在"。于是，一个人可以更直观、更广角地看见自己的内心过程，而人与人之间的交流可以变得更加准确、丰富和情感化。

在传统的意象对话心理咨询中，来访者会在心理咨询师的引导下唤起自己内心的意象活动。但只有来访者自己能直接看到这些意象，通过组织语言去描述，告诉心理咨询师自己看到的是什么。心理咨询师再通过所听到的描述，加上自己的原始认知对此的理解，在心中再现这个意象。这样一来，心理咨询师所"看到"的和来访者自己何处、以何种方式爆发，并带来何种牵累，整体格局的"重建"有哪些危机和资源，等等。这些效用都是其他方法较难做到的。

倾听和阅读是心理咨询师在使用沙屉技术时必须要具备的能力，也是心理咨询师必须要做的工作。

三、沙屉是咨访双方共同构建的心理时空

心理咨询师是一个主体，来访者是另一个主体。两个人的心理世界本来是各自的，互相之间并没有共享部分。人和人是共享一个物质世界的，我们都生活在同样的山河大地之间。一个人在这个世界里放了火，另一个人也会被这火威胁到。一个人在这个世界里种了树，另一个人也可以乘凉。但是，通常我们的心理世界则没有共享。一个人的心理世界正在经历狂风骤雨，而同时身边的另一个人的心理世界可能正是和风细雨的。

而有了沙屉，心理世界的内容用沙具表现了出来，并且被放在了一个外部的时空中。沙屉是空间，同时也是时间的载体，沙具在这样的时间和空间载体中，就转化为了外在的实物。沙屉这个时空，不仅仅属于来访者或心理咨询师，它是咨访双方共同拥有的。

这样，沙屉就实现了咨询师和来访者心理世界的共享。这个共享的时空，可以说是心理咨询师的内心时空和来访者的内心时空之外的第三时空。或者我们可以说它是心理咨询师和来访者两个主体之间的存在，即主体间的心理时空。这个时空是双方心理内容外化、实体化的产物。

沙屉中的心理事件，不仅仅是来访者的内心事件通过沙屉表达出来而已。沙屉中的很多心理事件都是在沙屉中发生的，也仅仅是发生在沙屉中的。它不是发生在来访者的心中，也不是发生在心理咨询师的心中。沙屉可以看作来访者和心理咨询师共享的一个世界。

在这一点上，沙屉和意象对话是一样的，那就是心理咨询师和来访者是共同在一个心理世界的。意象对话是下对下的，沙屉也是。或者我们更准确地说，沙屉是包含下对下的，同时也是在全方位都是有双方的共同互动的。

第四节　沙屉的目标

沙屉是一个很好的工具，我们可以用这个工具做什么呢？

一、用于游戏

这里所说的游戏是真的游戏，也就是没有任何外在目标，只是用来玩。做游戏时，沙具是一种玩具。

做游戏的时候，没有心理咨询师角色和来访者角色，参与者都是玩家。没有谁对游戏的结果负责任，唯一的期望就是开心一下。

沙屉用作游戏的时候，没有谁有义务为谁解读沙屉或分析其象征意义，如果有人乐意做也可以做，但不可以从中获得报酬。

沙屉作为游戏的时候，可应用某本书中介绍的规则，也可以设定非常简单的规则。比如，可以随便摆放沙具，也可以随便移动沙具，但不许弄坏。

用沙屉来做游戏的时候，游戏者可能会觉得对自己的心理有好处。但那不是游戏的目标，只是游戏的副作用。

在玩游戏时，开心就好，或者能够用来消磨时间也可以。

社区的心理服务机构可以用沙屉作为一个提供给社区居民的游戏工具，让大家用沙屉来消磨时间，或让儿童随便去玩。

为了避免和沙屉心理咨询混淆，在用沙屉做游戏的时候，沙屉室中可以挂上一个大牌子，上写"仅为游戏，不做分析"，以提醒参与者。

二、用于心理咨询

用沙屉做心理咨询，其目标就是心理咨询的目标，也就是让心理得到疗愈，让心理更加健康，并促进心理成长。

对于心理问题相对比较大的人来说，如对于那些神经症患者，或者对于一些人格有问题的人来说，沙屉心理咨询的目标是疗愈。心理咨询师可以使用沙屉作为疗愈的工具。

　　沙盘可以用于各种神经症、身心疾病或人格障碍患者，以及抑郁症或其他各种情绪障碍的患者。如果有足够的训练，心理咨询师甚至可以让重性精神疾病的患者使用沙盘。虽然沙盘来源于意象对话，但意象对话不能用于边缘型人格障碍和分裂样人格障碍的人，沙盘如果在被训练有素的心理咨询师使用时，可以用于边缘型人格障碍和分裂样人格障碍的人。边缘型人格障碍患者和分裂样人格障碍患者之所以不适合用意象对话疗法进行心理治疗，一个重要的原因是他们的现实感很弱，想象出的意象对于他们来说相当真实。他们甚至可能会混淆想象和现实世界中的故事。这种混淆会带来一系列危险。为避免这些危险，我们不给他们做意象对话。而在做沙盘的时候，虽然他们还是那么缺少现实感，但是因为有实实在在的沙具做他们的意象载体，这种真实感会赋予沙具，就会安全很多。如果没有沙具，他们意象中的能量会投射到心理咨询师身上，有了沙具就投射到沙具上。万一他们所投射的愤怒能量太大，而没有沙具的时候，他们可能会攻击心理咨询师，现在他们攻击的只是沙具。

　　从理论上说，即使是重性精神疾病患者，使用沙盘也是可以的。沙盘以及沙具可以作为一种"外化""固化""具体化"他们内心破坏性力量的载体。让他们的破坏性在心理上和沙具结合，可以多少宣泄一些他们的负性能量。

　　不过，我们还没有尝试过仅仅使用沙盘这一个工具去疗愈心理疾病。我们只是把沙盘作为一种辅助心理治疗工具使用，同时还用意象对话等方法进行心理咨询与治疗。

三、用于促进心理健康

　　只有一般性心理问题、没有达到心理疾病诊断标准的来访者，是沙盘的主要适合人群。这些人心理上的问题包括情绪比较消极、人际关系不够好、家庭内部有心理冲突、行为上有一些不良的习惯等。这些人并没有一个明确的心理疾病需要被疗愈，所以他们的目标只是改善自己的心理状况，让自己的心理更加健康。

　　情绪更积极，通常是心理健康的特征。减少消极情绪，增加积极情绪，会让来访者感受更好。所以，情绪积极可以是一个具体的目标。不过我们的原则是只有在保证心理更健康的前提下，情绪积极才是我们的目标。如果情绪更积极，但心理并非更加健康，就不能算实现了我们的目标。

　　如果情绪积极，那么心理可能不健康吗？在我们看来，这种情况是有的。比如，

自欺欺人、掩盖内心中的冲突，都可以让消极情绪减少，积极情绪增加。或者剥削别人、获得心理和物质上的满足，也可以增加积极情绪。但这些情况都不算心理健康。这样得来的积极情绪并不是我们的目标。

在沙屉中，自欺欺人以及剥削别人，都可以通过沙具的摆放被看出来。心理咨询师在发现这种情况后会采用适当的方法来指出这个问题，并且在一定程度上施加干预。例如，在两个来访者摆放双人沙屉时，心理咨询师应限制一个人对另一个人的过度的侵入（不限制轻微的侵入）。这样就可以对剥削有一定的削弱。然后心理咨询师会要求在这种规则下让来访者找到让他自己最舒服的摆放，而不是无规则地让他随便摆放。

心理健康包括健康的人际关系。健康的人际关系应当对此关系中的所有人都没有大的不利，最好应该有利于此关系中的所有人，应尽量减少一个人对另一个人的情感剥削、欺诈、压迫，尽量让每一个人都有自己的生活空间，让每一个人都可以有机会过上心理健康的生活。我们会鼓励人们建立平等、互相尊重、互相支持和有爱的人际关系。但我们也承认，让所有来访者之间都能平等、尊重、相爱，这不是总能达到的目标，所以我们的基本目标会设定得比较低，尽量降低侵害的程度。

在行为方面，沙屉本身并不直接改变一个人现实中的行为，但是会帮助来访者发现自己不良行为模式的心理来源，转化他不良行为的因果链条，从而消减带来不良行为的心理力量。这样，不良行为模式就不会被持续地加强，而惯性导致的不良行为习惯，也可以通过来访者在生活中的矫正而逐渐减少。

四、用于促进心理成长

即使一个人已经心理健康，依旧需要心理成长。心理成长无止境，多一分成长，就高一分精神境界。

对于心理成长来说，消除心理疾病、改进心理健康都是基础，在完成了那些工作后，心理成长的任务就是协调、整合人格。

人格不是由各种心理成分拼在一起就可以了。即使各个成分都很好，但如果只是拼凑在一起，那也并非一个有成长性的人格。人格应该是一个生命，如同一棵树一样可以自我成长。

因此，人格需要成为一个有机整体。

人格成为一个有机整体，这个形成过程需要我们能有觉知地陪伴人格，让人格进行自组织。在这个过程中，各个组成部分不断地调整、磨合、转化，直到最后它们突然蜕变为一个整体结构。这就好比我们在杂乱的图中，突然看到一个格式塔，突然产生了一个整体图形。在这之后，这个整体的人格就被赋予了生命。他会成长、创造，产生我们无法预期的但总是更美好的转变。这样的心理成长让人的生命更加有意义，让人能感受生命的价值。

在沙屉中，这样的心理成长是可以完成的。通过做和读沙屉，我们越来越理解自己，逐渐发现内心的各种关联，逐渐发现内心中潜藏的发展点，看到整个沙屉成为一个有机的、完整的、没有任何割裂的整体。一个沙屉中的所有组成部分，最后都成了同一个意象。

更进一步，在人格成长得很好、生命力很强且很完整之后，才可能有进一步的突破，那就是突破个体的自我，超越小我而走向更高境界。

超越自我有两个路径，一个是内向的路径。在沙屉中，我们知道沙屉本身就象征着从天地未分之前开始，到天地初分，以及到万象纷纭的这样一个过程。所以，任何一个人的沙屉都可以看作"宇宙世界"的一种特定的形态。一沙一世界，一个沙屉就是一个世界。一个人的沙屉就是以这个人的人格形态构成了一个完整和独立的世界。当个体的自我成长到完整后，如果能够进一步领悟到自我就是世界，则沙屉就会转化为世界。这就是内向的超越。这种超越可以达到中国传统中所谓"天人合一"的境界，甚至更高。另一个是外向的路径。那就是借助别人的力量，让一个人超越自我。这就需要使用双人沙屉、团体沙屉来完成。考虑到一般很难找到两个来访者都能达到很好的心理成长，所以可以通过心理咨询师和来访者共同做沙屉来走向这样的一个方向。当两个人一起做沙屉，在一个人的人格中可能出现的偏颇会因另一个人的存在而得到补充，所以会更容易得到"心心相印"的两个人的合一，然后达到天人合一，甚至更高的超越。

遗憾的是，沙屉中自我超越的最高目标，目前还没有实现的先例，只是一种理论推演的结果。并且我们要提防有自恋型人格倾向的人会容易误以为自己达到了"内向型自我超越"以及天人合一。有边缘型人格倾向的人会容易误以为自己达到了"外向型自我超越"以及"大爱"或天人合一。

第五节　沙屉改善心理的原理

使用沙屉做心理咨询，为什么可以改善人的心理状态呢？或者用专业术语说，沙屉的疗效因子是什么呢？

心理咨询之所以有疗效，归根结底只有两个因子。一个因子是，既然心理活动都是有规律的，也就是说是有因果的，那么我们施加一个改变就会带来一个结果。如果改变按照规律会带来好的结果，那么心理咨询就会有好的疗效。另一个因子是，当我们带着觉察力去经历一个心理事件，这个心理事件就会完成。因为我们所有的心理事件都是为了满足自己的心愿或欲望，所有的心理能量都来源于心愿和欲望，当我们觉察到心理事件完成、心愿实现或欲望满足时，心理能量就全都释放了，这样就得到了疗愈。这里讲到觉察，是因为如果没有足够的觉察力，即使在客观上心愿已经实现，但是人并不知道，那么他还是不满足，心理能量还会有滞留。如果欲望是不可能满足的，当人看清了这一点，他就会放弃对这个目标的追求，于是不会在这个欲望中追加心理能量，已经投入的心理能量会通过悲哀而宣泄掉，一样可以得到疗愈。

这两个因子可以互相促进，好的改变可以满足欲望，或为觉察带来更好的条件。更好的觉察，会让人知道什么样的原因导致了现在的问题，怎样做才会带来更好的结果。

沙屉使人的心理状态改善的原理，是上述这两种因子的不同作用的具体表现。

一、象征表达

沙屉主要是运用原始认知的，在原始认知中，意象是基本的符号。意象都是有象征意义的。在沙屉中，所有沙具及其摆放都有象征意义。

这些象征意义是对来访者内心心理的表达。

这些表达能被心理咨询师理解，就满足了所有人都有的一个愿望或欲望，那就是和他人能够有心理交流。能与他人相互理解、交流以及拥有在此基础上的爱，这就是人常会有的愿望之一。在欲望层面，被"镜映"（自体心理学术语，指被别人关注到）是人共有的需要，被镜映也是人能建构起一个精神自我的基础，所以人都有很强的被别人理解的欲望。通过表达而被心理咨询师理解，当这种愿望或欲望得到满足后，来访者觉察到自己被理解，就会获得满足感并释放被阻碍的心理能量。

懂了这些象征，心理咨询师就知道了来访者心理问题的缘起，知道了来访者的心理结构，以及他们内心中各个因素的相互关系，从而就能知道在哪里可以帮助来访者做出改变，并带来好的结果。

二、共情感应

共情感应，大体上可以指心理咨询师对来访者的直接的感同身受。共情这个词在不同心理学家那里有不尽相同的解释。在意象对话心理学以及沙屉技术中，我们的解释是，真正的共情仅限于一个人不借助分析、推理以及任何符号活动，能直接感受他人的感受的这样一种心理活动。用通俗的语言来说，共情就是一种"他心通"。如果更全面、严格地说，心理咨询师对来访者的共情是一个活动过程。首先，心理咨询师直接感应到来访者的心理，并在自己的心中产生了和他一样的感受，这一步在意象对话中被称为"会心"。其次，他能分辨出自己内心中的哪些感受是自己的，哪些是来源于来访者的。最后，他能表述出自己所感受到的那些来源于来访者的感受。所以，共情的核心是感应，而共情的完成则靠表达。

共情提供了一种更高程度的理解。这种理解会给来访者带来更强的满足感。

共情的核心，即共情的第一个步骤是感应或会心，这不是一种特别的技术操作，而是一种能力。就好比说，视力是一种能力，没有视力的人不可能通过某种技术就可以看到东西。

一些心理学家不承认这种能力的存在，还有一些心理学家认为这种感应能力是一种天赋，只有少数人才能有。意象对话疗法不认为这样，他们认为感应或会心的能力是人所共有的一种能力。只不过因为人们常不相信它，所以这种能力在多数人身上已经衰退。在意象对话疗法中有一些训练方法可以提升共情能力（包括感应能力、分辨能力和表达能力）。

感应或会心在沙屉心理咨询师那里，同样依赖于心理咨询师的能力。

但沙屉的存在对共情中的感应或会心有很强的助力。看着摆放中的沙屉，心理咨询师突然在一个瞬间仿佛变成了来访者，感受到了来访者的内心感受和情绪，眼前所看到的沙具，一瞬间好像活了起来——这种情况时常会发生。沙屉的存在好像一个扩音器，能把人的内心感受放大，从而在另一个人身上激发出更强的共鸣。这种情况不

是分析、理解、解读象征意义，而是直接的感受。沙屉在这里为什么能有加强感应的作用，这就好比某个仪式中的一些器物所起的作用。试想一下，你在排练戏剧的时候不穿戏服和穿上戏服，是不是有差别？穿上戏服，更容易让你在某些时候突然感觉到自己仿佛是戏剧中的角色一样。心理咨询师在会心时刻就仿佛看到了来访者的内心世界。

共情的第二个步骤，是分辨心理咨询师此刻心中的情绪和感受，哪些是来访者的，哪些是心理咨询师自己的。通常在心理咨询中，这是一个很有难度的任务。而在沙屉中，这个工作并不难。如果心理咨询师没有参与摆放沙屉，只要在这个主题上心理咨询师的反移情不是格外强烈，那么他在观察沙屉时所激发出的情绪情感，基本上都是来访者的。如果心理咨询师参与了摆放，那么心理咨询师在产生这个感受时正在看谁摆放的沙具，这个感受就是谁的。

共情的第三个步骤，就是心理咨询师表达出自己共情的感受。通常在心理咨询中，心理咨询师需要用语言表达。而在沙屉中，心理咨询师可以通过摆放沙具来表达自己的感受。

所有这些都有疗愈作用。

三、影响与改变

心理世界的事件都有严格的因果规律。一个事件作为原因就会带来相应的结果。

因此，我们希望改变一个人的心理世界，让他的心理处于更好的状态，就可以施加某种干预或某种影响。

这个干预或影响可以来自来访者之外的人。

首先，心理咨询师可以提供有益的干预。比如，心理咨询师可以提供有心理支持性的、有启发性的沙具，并把它们摆放在合适的位置。这样来访者借助心理咨询师所提供的这些帮助，就有可能对自己的沙具做出更好的安排和调整，进入更好的状态。来访者也可以从心理咨询师那里获得能量，从而让他们自己的心理获得疗愈、成长。

其次，在双人沙屉或团体沙屉中，来访者会受到其他人的影响。来自其他人的影响，可能成为来访者的心理资源。比如，来访者自己的认知有一定的局限性，对于有些问题，可能来访者从来没有想到解决方法。但是，他看到其他人使用自己所没有用过的解决问题的方法，就可能会得到启发，把这种新的方法纳入自己的技能库中。

最后，在双人沙屉或团体沙屉中，来访者之间会有种种互动。相互支持、爱和关心有助于来访者的心理健康。持续的、积极的互动可以形成越来越好的互相促进的循环。来访者之间消极的互动，如攻击、争夺等，也为来访者提供了改变自己的机会，如果能得到心理咨询师的好的引导，坏事就可以变成好事。总的来说，在双人沙屉或团体沙屉中，他人会带来新信息，新信息会带来新变化，在心理咨询师的引导下，这个改变会是积极的、健康的。

还有一种改变，其最初的契机不是来自别人而是来自真正的意愿，但这种情况比较少。

四、整合与领悟

还有一种改善的原因是，沙屉的这个系统逐渐从混乱冲突中开始，经历了一个自组织的过程。在摆放沙具的历程中，来访者逐渐找到了机会去解决沙屉中的矛盾，逐渐找到了途径去化解沙屉中的冲突，沙屉中的相互联系越来越顺畅。

在这个过程中，沙屉逐渐形成一些结构。这些结构之间逐渐整合，有些结构吸收了另外的结构，有些结构得到转化并和其他结构连接。这个沙屉的总的模式逐渐显现。

这个过程实际上就是被其他流派称为"自我实现"或"个性化"的过程。

相对比较混沌的沙屉，逐渐形成了一个整体结构。

这个过程进行到一定程度之后，在某个时刻，突变会发生，这个突变的过程有些像格式塔心理学所说的"顿悟"，突然间整个沙屉都被看作一个整体。这个整体有一个完整的意义、一个生命的方向和一个主题。来访者突然意识到"这就是我"。来访者不仅仅看到自己的一部分特征，不再认为自己只是"一个男人、一个工人、一个儿子、一个父亲、一个丈夫、一个爱喝酒的人……"，也不再认为自己只是"有冲动型的人格、外向型、开放性高……"，而看到了一个整体的自己。他会有一种确定的感受："我知道我是谁，我知道我来这个世界是为了什么，我知道我会要什么，而什么对我没有意义。"

这种领悟会使得来访者未来的整个生命都有了方向。他能够知道自己的心愿，知道自己需要什么，从而就知道该怎样取舍，于是在他的人生选择中，就会少了很多的迷茫和错误，他的人生将进入一个更好的境界。

第四章

沙屉的基本操作

第一节　沙屉器具的组成

　　沙屉器具由沙屉架，下层沙屉，中层沙屉，上层沙屉，附件（有色玻璃纸、激光灯、吊灯、摄像头、消毒用品等），屉沙，沙具，备用材料（纸和笔、胶泥、橡皮泥等）以及置物架组成。

　　沙屉架，是一个按照规定的尺寸制造的木制的架子。这个架子不仅仅是用来承托沙屉的，它还有其象征意义。在象征意义上，沙屉架是承载心理世界的"巨鳌之足"。我们将木头作为沙屉架的制作材料，而不用金属杆，是因为木头直接生长于我们所在的同一个世界，它的成长来自它自身对天地滋养的转化，它的"成材"体现了人类心智的创造，因此是有生命的和感性的，而金属材质则更为理性和缺少生命的温度。如果用金属来代替木头，虽然也可以用，但是效果会有所减弱。

　　下层沙屉，深度最大，内部的底是深蓝色的。它之所以最深，是因为它通常是"地"的象征。所谓"厚土"就是要深，更深的下层沙屉会有更好的承载性，对使用者有更好的暗示作用，表明可以承载得了他的情绪和心理。深蓝色象征着不能被肉眼所见的地下水、史前的汪洋大海，以及人类最深的无意识。

　　中层沙屉，深度适中，内部的底是蓝色的，象征着可以被看到的江河湖海之地表水。这一层是我们的日常意识所在的层次。

　　上层沙屉，用透明的材料制作而成，很轻盈、透彻，可以象征着天空、宇宙之光，或人的理想和超越性意识等。相比中层、下层沙屉来说，它是一个更加"虚空"、精神化的存在。

　　沙屉附件都有各自的用法，有色玻璃纸用于衬在上层沙屉的底面上。这样就让上层沙屉的底有了颜色，透过上层沙屉的光，投到中层就成了有色的光。这可以带来一些意义。激光灯用来画出一条直线，从而作为辅助线帮助我们理解沙屉中的局势。吊灯用来照明和投影。摄像头用来拍摄。消毒用品，就是用来给使用过的沙具等进行消毒的清洗用具。这些附件使用的详情容后细述。

　　屉沙用来填充在沙屉箱体中，作为摆放沙具的基底材料。不同大小的颗粒、不同的材质、触感和颜色，以及屉沙和我们现实生活中的不同关联等，都会给沙屉带来完全不同的基础氛围。例如，肥沃细腻的黑土屉沙、金灿灿的小米屉沙、晶莹剔透的紫水晶屉沙、轻盈纤细的羽绒屉沙，或可以慢慢融化的冰沙屉沙等，都会给整个沙屉带来完全不同品质的世界的底色。

沙具用来摆放在屉沙中。所谓沙具就是一些小雕像，有人物、动物、植物等各种形象。沙具是用来表达自己心理的用品，可以把内心想象中的意象用实物展现出来。如果在已有的沙具中，实在没有和自己想摆放的样子相似的沙具，也可以用备用材料制作一个。

置物架就是用来摆放沙具和备用材料的架子。

所有这些器具，都有固定的规格和功能要求。

第二节　沙屉的基本操作

沙屉的操作方式变化多端，最基本的方式就是一个人自己摆沙屉。

一般来说，建议来访者在比较安静，且没有别人干扰的情境下，自由地摆放沙屉。心理咨询师或心理社工可以在一旁陪伴，只是陪伴而不做任何指导或干预。他们的在场，是为了让来访者感到安全，要保证别人不会突然进来，来访者不会被打扰。但在特殊情况下，这一操作也可以在保证来访者心理安全的条件下被酌情放宽。例如，来访者就是想要表达在被外界干扰的情境下自己的内心世界或自己的应激反应模式。

沙屉使用者，可以是心理咨询的来访者，也可以是参加心理成长活动的人，还可以是其他普通的居民。

以来访者为例，沙屉的常规性基本操作如下（其他沙屉使用者的基本操作与来访者的基本操作类似）。

如果用普通的沙子做常规性的屉沙，那么在开始的时候，屉沙通常是平铺在沙屉箱体中的。沙具都放在置物架上。

来访者可以先用手摸一摸或者搅动一下屉沙，也可以熟悉一下沙屉的各个小器具。

然后，来访者就可以自由地动沙子，可以把沙子堆起来或者推开沙子露出蓝色的

底。当然，如果来访者不愿意动沙子，在沙屉中也是被允许的。只是这个"不动"也要像"触沙"一样，被作为平等的身心表达现象去观察、体验甚至在之后被带入分析和讨论。

来访者还可以在置物架上选择自己想要使用的沙具，把它们自由地摆放在沙屉中。

来访者完全随意地摆放沙具，一边摆放，一边体会沙具所摆放的样子给自己带来什么感受，以及这样摆放了之后，自己的心情会有什么改变。

在摆放沙具的过程中，来访者也可以自由地想象。先想象出来一个场景，然后找到类似的沙具把想象中的场景摆出来，或者在内心中想象一个故事，然后用沙具摆出来这个故事。

摆放出的场景，会带来一些心理活动，就让这个心理活动过程自由地发展。也许这就会让来访者的情绪有所宣泄，心情有所好转，从而带来一些积极的效果。

来访者自己觉得沙屉已经完成了的时候，就可以停止摆放。

这时，来访者可以站在沙屉旁边观察这个摆放出来的整体场景，并去感受它所带来的心理活动。如果来访者愿意，也可以和心理咨询师或心理社工讨论一下自己所摆放的场景。

如果心理咨询师觉得有必要，在来访者也愿意谈的情况下，就可以谈谈这个场景的象征意义，分析一下它反映出的内在心理。如果来访者不愿意分析，那么一般也不要求一定要做分析。

如果来访者愿意记录下这次摆放的场景，就可以拍照，并把这个照片带走保存，也可以全程录像，记录自己摆放沙屉的过程。

之后，通常来访者需要把沙具放回原来的置物架上，把沙子恢复平铺的状态，或者有时需要把沙子从沙屉中取出放在所存放的箱子中。如果来访者不愿意这样做，不愿意看到自己的作品被拆掉，就可以和心理咨询师或心理社工商量，自己不做这一步，在离开后由心理工作者或心理社工或其他工作人员来做。

值得一提的是，沙屉的工作是非常灵活且"就势"的。虽然是常规操作，但在工作中的不同阶段，沙屉的操作还是有所变化的。当沙屉工作进行到一定阶段时，常规性的沙屉工作就有了一些操作上的"推进"。例如，当来访者开始自发接触到更深的无意识内容时，心理咨询师就会邀请来访者自主选择屉沙，并将符合自己当下内心感受的"心理地形"通过屉沙的放置构建出来。这时候，来访者在之前体验到的那种模糊却无处不在的心理氛围就会浮现出来，与心理咨询师一起"看见"并感受到。一个用彩色珍珠或琥珀铺底的沙屉，或者一个用尖锐的小石子铺底的沙屉，或者一个用细细的黄土铺底的沙屉，所反映出来的氛围是完全不同的。而屉沙的量的多少、屉沙堆积的平整与否、屉沙的地形中是否有"水域"等，都会直接给我们带来心理上的接触和领会——这些丰富且有冲击力的心理氛围，都是无法用意识化的语言所能表达清楚的。

第三节　沙屉各层的意义设定

沙屉的基本构造包括上、中、下三层，这三层需要被分别设定意义。

在特殊情况下，也可以不去先有意识地给每层沙屉设定意义，就是让来访者自由地往不同层次随便摆放沙具。在这种情况下，我们会发现最后摆放出来的情景，不同的层次会自然地形成其特有的意义。

在大多数情况下，各层的意义都是事先被设定好的。

以来访者的单人沙屉为例，常规的设置有以下几种。

第一种，按照时间来设定，把三层设定为不同时间。通常我们会把下层设定为过去，中层设定为现在，上层设定为未来。

第二种，按照空间来设定，我们可以把下层设定为意象故事中的"地下世界"，中层设定为地面区域，上层设定为天空。

第三种，按照心理空间来设定，我们可以把下层设定为潜意识区或人格底层，把中层设定为意识区或人格表层，把上层设定为超意识区或人格的超自我层。

还可以用不同的主题来设定。

例如，下层代表来访者的心理困境，上层代表来访者的心理期待和愿景，中层代表来访者如何从心理困境中达成愿景。

或者，由来访者自己来选择在上、下两层中哪一层属于父亲或父系家族，哪一层属于母亲或母系家族，中层则代表来访者自己。

还可以设定伴侣关系主题，请来访者自己选择上、下两层中哪一层属于自己或自己的家族，哪一层属于伴侣或伴侣的家族，而中层则代表来访者与配偶的实际互动情况。

还有许多其他设置，就不一一罗列了。

清晰地设定三层沙屉的基本意义，就给沙具的摆放构建了一个基本的框架。这很重要。

在最基本的操作方式中，这个可以由来访者自己来设定。

如果有心理咨询师或心理社工做指导，他们可以在指导语中引导来访者做这个设定。例如，可以这样说："这就是沙屉，是一个心理器具，它有很多玩法或用法。最简单的用法就是你可以随便玩这些沙子，还可以把那里的沙具放在沙子里。有点像小孩子带着玩具来沙子堆里玩。你可以随便玩，只不过在玩的时候，要时时回观自己的心，看看自己有什么感受。这个沙屉有三层，各层分别代表不同的意义。按照你的第一感觉，你觉得三层分别代表什么不同的意义呢？上层是什么，中层是什么，下层是什么？"

来访者如果说"我觉得三层代表天、地、人"，那心理工作者就可以回答："好的，今天你摆放的时候就按照这样来摆，上层摆放天……"如果来访者说："我觉得上层代表未来，中层代表现在，下层代表过去。"那么心理工作者就可以回答说："好的，你可以摆一下，过去的世界是什么样子的，现在和未来的世界又分别是什么样子的。"

如果来访者在摆放的时候，并没有按照自己所说的设定来摆放。心理咨询师或心理社工并不需要马上纠正他。最多在后面讨论的时候提醒他一下就可以。

第四节　"落子无悔"规则

在沙屉的不同操作方式中，规则各自不同。这就好比扑克牌不同玩法的规则不同，是一样的道理。不过也有一些规则是在很多时候都需要遵守的。

一个规则是双人或多人玩沙屉时的规则："落子无悔"。

一个人在玩沙屉的时候，将摆上去的沙具拿出来或者换成另一个沙具，这样都没有什么关系。但是，每一次位置的移动、撤除、添加等修改动作，都需要来访者带着对自己的这些操作的觉察完成，被心理咨询师观察并纳入之后的分析和讨论中。

但如果是双人或者多人一起摆放沙屉，那我们就要求"落子无悔"。也就是说，一且把一个沙具放在了沙屉中的某个位置，就不要再拿出来或者移动它的位置了。因为一个人所摆放的沙具，会对其他人的沙具产生影响。所以，当某个人放置了一个沙具之后，其他人在放沙具时会考虑到如何应对或回应这个人所放的沙具。后一个人所放的沙具，受到前一个人的沙具的影响。

如果在后一个人放了沙具后，前一个人又拿走或者移动自己所放的沙具，那么就会对后一个人所放的沙具产生不同的影响，这会让后一个人所放的沙具不能完成其意图。也就是说，"落子"而后又"悔棋"会干扰到别人。这样别人就会被迫跟着"悔棋"，导致沙屉的摆放过程就会混乱。为了避免这种情况，我们的规则是"落子无悔"。但在自己放完别人没放的时候，可以拿走或移动自己的沙具。

从象征意义上看，摆放沙具的过程，就象征着一个人在人生中的各种行动的过程。而别人用摆放沙具来回应，就是现实中别人的回应过程。这样的过程按照时间顺序进行，就是人生历程的象征。

一个人摆放了沙具，别人对此给出回应，则这个事件历程已经完成了。如果之后再拿走前面放的沙具，从象征意义上看，就相当于"不承认"过去，想要"让过去发生过的事情变成没有发生的事"，这是不符合实际的。因为在人生中，我们都不能改变过去，必须接受"过去不可改变"这个规则，只能通过以后的新的行动，来改变我们的未来。

第五章

各种沙屉做法简介

　　沙屉有很多种使用方法，分别用于不同的心理咨询任务中。这里我们先对它们做一个简单的介绍。

　　沙屉最有价值的一点，就是可以显现不同层之间的关系，并让我们发现不同层所象征的不同的心理区域之间的关系。因此，沙屉多种使用方法之间的区别就是各层所象征的意义不同。

　　对于如何发现和分析各层之间的相互影响，我们将在第七章中阐述。

第一节　时间维度沙屉

　　时间维度沙屉，简称时间沙屉，是按照时间维度上的不同来区分沙屉的层次。

　　在时间维度沙屉中，我们会把下层沙屉设置为"过去"，中层沙屉设置为"现在"，上层沙屉则设置为"未来"。个别来访者如果不愿意接受这种设置，也可以按照他们自己的想法改变。但通常我们都建议按照这种设置来做。

　　在摆放时间沙屉时，我们通常要求来访者按照先摆放"过去"，再摆放"现在"，最后摆放"未来"的顺序。但也可以先摆放"现在"，再摆放"过去"，最后摆放"未来"。

　　在摆放完一个时间层的沙屉后，可以先休息 10 分钟左右，再摆放另一个时间层的沙屉。

　　有时，可以在一次沙屉工作中不摆放"未来"沙屉，只摆放"过去"和"现在"。先把"未来"暂时作为"留白"在心里酝酿着，然后到下一次沙屉工作的时候再摆放"未来"沙屉。

　　摆放不同的时间的沙屉时，可以有不同的环境灯光加入。比如，在摆放"过去"沙屉的时候，环境灯光的亮度可以暗一点。摆放完"过去"沙屉后，休息一下要摆放"现在"沙屉的时候，把环境灯光调亮一点。或者还可以根据来访者的实际情况来做灯光的设置。例如，对于某些抑郁状态的来访者，可以把"未来"沙屉的灯光调得更明亮一些，并使用柔和的暖色系灯光，来应对来访者潜意识中"看不到未来""未来一片灰暗"的心境。这样来访者能够感受到区别，并且可以区分开不同的时间维度。同时，还可以借助光的色彩和亮度，直接对来访者的心境产生无意识的影响，从而带来转化的契机。

时间沙屉的作用，主要是可以让来访者更清楚地看到自己心理的发展过程，能够让来访者看到过去的自我，看到过去的自我和现在的自我之间的联系与发展，并且能够看到现状是受到了过去的哪些因素的影响。

"未来"还没有真正到来，所以"未来"沙屉并不代表未来自我，而是代表期望中的未来自我以及对未来生活的愿景。

但是这个期望中的未来自我愿景，对一个人的心理同样有重要的影响。

弗洛伊德非常重视"过去"，他认为人们"现在"出现的心理问题，都要到"过去"去找原因。"过去"所经历的事情，能解释我们"现在"的心理问题。他尤其关注一个人在童年的创伤性经历，认为是这些经历引起了成年人的神经症。这就是心理上的因果原则。在弗洛伊德的影响下，直到今天，精神分析疗法以及受到其影响的很多疗法都会关注到过去对现在的影响。

但荣格则注意到弗洛伊德的精神分析的局限性，认为"未来"对于指导一个人摆脱过去情结的影响而真正地成为他自己（"自性化"）有着不可忽略的作用。期望中的未来的自己对一个人的心理现状的影响，是荣格首先指出的。在荣格的理论中，这叫作心理目的论原则。荣格认为，人目前的行为是由他的未来所决定的。人格是趋向未来的自性圆满的过程，这个过程是个体化过程。因此，心理学既要考虑因果论，也要考虑目的论。荣格指出："一方面，它（心灵）展现出一幅过去发生的一切的遗存及踪迹的图画；另一方面，在同一幅图画之中，就心灵创造其自身的未来而言，将要发生的一切的轮廓亦被勾画出来。"从因果论角度看心理，则人是过去的产物。纯粹的因果论会带来一种宿命感。因为过去已经不能改变了，如果我们就是过去的产物，那我们怎么可能改变呢？但目的论可以告诉我们，未来可以改变我们的现在，从而改变我们的未来。

而沙屉则很好地调和了弗洛伊德和荣格的不同。

在沙屉中，过去和现在可以分别在下层沙屉与中层沙屉中直观地表现出来，因此也可以直观地展示出过去对现在的影响，从而让精神分析理论所要做的分析，能通过沙屉更好地完成。同时，让荣格的分析心理学的观点通过沙屉得到显现。而未来沙屉中摆放的沙具虽然还会有过去情结的影响，但依然会在一定程度上体现出一个人的自由意志和愿望。

此外，值得一提的是，沙屉不仅仅是对弗洛伊德的精神分析理论和荣格的治疗理念的整合，还有一个超越性的理念创新。精神分析的基本理念是过去决定现在，而荣

格的心理分析的基本理念是情结决定过去，但自性原型可以决定未来，所以自性化才能让一个人摆脱过去情结的影响而真正成为他自己。基于意象对话视角发展出来的沙屉和这两者的见地都不同——这是来自西方文化背景所没有的、东方的视角，即时间不是一条过去、现在、未来的线性存在，而是一个圆。在这个圆上，所谓"过去""现在""未来"，都是虚拟的心理现实中的存在，而不是实有的。因此，"时间"是空性的。也就是说，当我们认同了某种生活方式时，我们就已经被这种生活方式的"剧本""套"住了，因此，我们会用一生的时间来重复这种活法，虽然在某个具体的当下我们的处境和遇到的现实事件不同，但我们总会按照这种活法所设定的心理程序，把自己的一生活成这个"剧本"中的样子。例如，一个认同了"人是高级动物"这种活法的人，无论他的处境如何，遇到了什么样的生活事件，他一生中所有的行动都会是在试图力争上游，一次次地反复努力，成为一个"成功者"；而对于另一个认同了"我要让这个世界因为我而更好一点"的人，无论他遇到了什么样的生活事件、在什么样的处境下，他都会努力发挥自己的创造力来为周围的人和世界服务，虽然他自己可能会损失一些属于自己的资源，但他依然会在这样的活法中一次又一次地循环往复。我们并不是决定论者，因为即便我们身外的世界是不可控的，但我们依然可以用自己的一点点自由意志来选择符合我们内心认同的那种活法。

从这个意义上来说，"未来"看似已经隐含在"过去"和"现在"中，但实际上，如果我们有足够的觉察力和智慧，就可以掌握"未来"的走向。在沙屉操作中，我们可以帮助来访者通过他自己基于过去所构建的"现在"，预测到如果继续浑浑噩噩地活下去，那么他的"未来"将会是怎样的，进而来访者可以从总体上一目了然地看到自己在这一生中所选择的"命运脚本"，从而不再无谓地把生命局限和浪费在他本来不想要的活法中。

这时候，我们就可以有机会回到来访者的初心，帮助他们重新寻找他们自己真正想要的生活、真正想成为的自己，然后借助上层沙屉，设定出新的"未来"。我们可以借助沙屉的推演，帮助来访者将"现在"导向真正想要的"未来"，从而让中层沙屉随之自然地产生改变。这个过程会让来访者看到，只要一个人心明眼亮，"未来"其实就掌握在他自己手中，他可以不再做过去经验中重复的奴隶，而是成为自己精神生命的主人。

第二节　本我—自我—超我沙盘

学习精神分析的心理咨询师有可能会有一个误区，那就是误以为精神分析中的本我、自我和超我，是从下到上的三个人格层次。

因为本我常常是潜意识的，自我有潜意识的部分也有意识的部分，而超我则多为意识或前意识的，所以更容易让人误以为本我在下，自我居中，超我在上面。加上在心理学教科书上所画的图示中，本我也是在下面，自我在中间，超我在上面，因此更容易让人产生这种误解。

如果仔细地理解精神分析，我们会知道，本我—自我—超我是人格结构中的三个部分，而潜意识—前意识—意识只是意识的不同层次而不是人格层次，所以先要把这两个知识点区分开。谈人格的时候，暂时不用去管意识的层次。

本我可以说的确是人格的下层结构。因为本我指的是人的本能欲望，本我代表的是人的生物性层面，是原始的，也是人格的基础。本我的心理能量，是人的所有心理能量的源头。

但是，自我和超我之间的层次位置，却并不能简单地说成自我在下，超我在上。在心理发展的过程中，本我是从一出生就有的，但自我却不是第二个发展出来的，超我才是第二个。心理发展的顺序是：先有本我，然后超我出现，最后才有自我。心理能量最早来自本我，超我获得了一部分来自本我的能量而产生，然后自我也从本我中获得能量而产生，为了协调本我和超我之间的冲突。

从心理发展的成熟程度来看，从不成熟到更成熟的顺序应该是：本我—超我—自我。从这个角度来说，表达这三者关系的沙盘应该是：本我在下层、超我在中层、自我在上层。

但是从本我、自我、超我三者的关系上来看，沙盘却不能这样摆放。因为如果这样摆放的话，自我和本我就不是直接邻近的，而是将超我作为中间媒介，自我和本我才有间接关系，这是不符合心理真实情况的。

但如果沙盘摆放为本我在下层、自我在中层、超我在上层，则是不符合心理真实情况的，因为超我并不是以自我为媒介，才和本我之间有间接关系的。在儿童肛欲

期，超我就已经形成，并且超我会直接对本我有管理作用，直接压制本我的不适当行为。

本我、自我、超我这三者的关系，如果用空间象征，最合适的是一种平面上的三足鼎立的关系。但沙屉是一种垂直三层的设置，如何来最好地体现出三者的关系呢？

在沙屉中，如果要表达本我—自我—超我时，则实际选择的设置是：本我在下层、自我在中层、超我在上层。不过，摆放时的顺序，却不是先摆放下层，然后中层，最后上层，而是先摆放下层，然后上层，最后中层。之所以如此设置，我们是用摆放顺序来体现心理发展的顺序的，用三层沙屉的位置来体现最后形成的关系结构。

为什么这样摆放是可以的呢，这是因为当自我形成之后，超我很少能直接和本我互动。在有了自我之后，超我和本我之间的相互作用，大多都受到了自我的中间影响。自我本来就是本我和超我之间的"调解人"。在早期没有自我的那个时间阶段（肛欲期），本我和超我之间都是直接互动的，但有了自我之后，本我和超我之间的互动要受到自我的中间调解作用的影响了。

对这种沙屉的心理分析，我们将重点放在三层之间的内部冲突上。这种沙屉主要适用于有神经症的来访者。

如果心理咨询师主要用精神分析来进行心理咨询工作，那么用沙屉进行辅助性咨询，最适合用这种沙屉。

第三节　伴侣关系沙屉

这里所说的伴侣主要是指夫妻，同时也包括稳定的情侣。两个人做伴侣关系沙屉，基本的设置是：一个人摆下层沙屉，另一个人摆上层沙屉，中层沙屉由两个人一起摆。中层沙屉的意义，是代表伴侣双方共有的心理空间。

伴侣一起做沙屉的时候，会面对一个非常困难的问题，那就是谁摆下层、谁摆上层。因为摆哪一层会有其象征意义，下层可能象征着在关系中处于弱势，或在关系中处于基础地位。对于这个问题，双方可以有不同看法。有时，双方会争夺上层的位置或争夺下层的位置。这个问题可以让双方讨论决定。如果双方无法达成一致，就可以采用轮换制，这次你在上层摆放沙具，下次我在上层摆放。但无论结果如何，这个确定摆放层级的过程，都会大量启动远古认知层的互动，因此需要被引入觉察中，并在之后被适当地分析、讨论。

在伴侣关系沙匣中，最重要的是中层，因为它是关系发生的场与互动模式的象征。而对这一层的分析，其重点不仅在于中层是如何受到上层和下层的影响的，而且在于中层如何反过来影响上层和下层，以及最终形成了一个怎样的伴侣关系模式。如果来访者有足够好的觉察力和焦虑容纳力，我们甚至还可以协助他们预见到：如果这种模式继续没有觉察力地重复下去，最终会将伴侣关系引向何处。这个洞见会提供一个超越性视角，帮助伴侣双方暂时从那些具体冲突的细节中脱开，暂时跳出个人的立场，在一个悬置的空间中来发现双方关系出现问题的根本卡点，由此有一个机会从源头上去化解伴侣冲突。

通常，在伴侣关系沙匣的摆放中，被摆在任何一层的沙具，都不会再被移动。因为这样的设置有一个优势，就是游戏规则简单，适用于各类来访者，而且在沙匣完成后，还便于观察、分析伴侣关系对各自人格所产生的影响。

个别时候，在伴侣双方都有足够的觉察力的情况下，可以允许他们把原本摆放在上、下两层沙匣中的沙具，像下棋一样，摆放到中层沙匣中，以此来帮助他们看到各自把哪些心理内容带入了双方的关系场域中，对对方以及双方的关系模式带来了怎样的影响。这种设置的好处是，由于双方有机会直观地看见自己的心理内容在沙匣上的投射，以及自己对伴侣关系模式带来的影响，因此使其中一方能够减少对另一方的单方面归咎，从而收回自身的投射，或者至少能够为不理想的伴侣关系模式负起自己的那一部分责任，从而带来自发的改变动力。但这种设置也有局限性，就是在沙匣完成后，分析重点只能在关系模式以及因果动力上，而不方便再反过来看伴侣关系对个人人格的影响了。因此，在一次伴侣关系沙匣工作中，究竟应该采用常规的设置还是这样的设置，需要酌情而论。

在摆放沙具的过程中，双方可以交谈，但是通常不建议多交谈，以免相互干扰摆放沙匣时的内心深层活动，而变成了有大量意识参与的表层交流。

需要明确规定的是，无论在何种情况下，双方都不可以移动另一个人的沙具。不可以移动别人的沙具，象征着每个人都有独立性，心理不可能被别人直接改变。而移动别人的沙具，象征着对别人心理边界的侵犯。因此，不只是伴侣关系沙匣，所有两个及以上的人共同摆放沙匣时，都要遵守这个规则。

摆放下去的沙具不可以再挪动位置，也不可以被取消。其象征意义是，一个人过去所做的事情，不可能在历史中消失。所有两个及以上的人在共同摆放沙屉的过程中，也都要遵守这个规则。

第四节　家庭沙屉

核心家庭指夫妻和孩子构成的家庭。

核心家庭沙屉的设置，即父母分别摆放上层和下层的沙屉，可以是母亲摆放下层，父亲摆放上层，孩子摆放中层。我们也可以允许他们按照自己的设置来摆放沙屉。这个自定义各自摆放沙屉层级的过程，会大量启动远古认知层的互动。或者说，这个行为互动过程本身，恰恰是进入沙屉场域的远古认知层沙屉和隐形沙屉，因此需要被引入觉察中，并在之后被适当地分析、讨论。

在核心家庭沙屉中，我们重点关注的是相互之间的互动关系，以及孩子对父母的认同。一个家庭中的代际创伤，会通过这样的沙屉工作清晰地显现。

如果家中有两个孩子，可以让两个孩子共同摆放中层的沙屉。两个孩子的沙具被摆放到同一个沙屉中后，心理咨询师在分析时可以用某种标志标出每个沙具分别属于哪个孩子。

通常我们建议两个孩子按照出生的长幼序位摆放沙屉。但如果参与者想要自主确定，心理咨询师也不强行干预。但同样，这个自定义摆放次序的过程，也会大量启动这个家庭中的成员之间远古认知层的互动（例如，父母可能会偏爱其中一个孩子，从而使其中一个孩子抢先摆放沙具；或者父亲和母亲因各自支持其中一个孩子先行摆放而发生争执；等等）。因此也需要被作为远古认知层沙屉和隐形沙屉来引入觉察中，并在之后被适当地分析、讨论。

单亲家庭指父母中只有一个人和孩子共同生活的家庭。

单亲家庭沙屉的设置，父亲或母亲在其中一层（上层或下层），不论有几个孩子，他们都共同摆在另外一层（如果父亲或母亲摆放上层，则孩子摆放下层；相反，如果父亲或母亲摆放下层，则孩子摆放上层）。中层由所有家庭成员一起摆放，用于象征家庭的整体关系。

不在一起生活的父亲或母亲，通常不需要参加摆放。但如果父亲或母亲虽然不在一起，但还在深度介入这个家庭中的生活的，个别时候也可以参加摆放，方法类似于核心家庭的那种摆放设置。

如果单亲家庭希望了解缺位的父亲或母亲对当前亲子关系动力的影响，可以设置为，带孩子的单亲父亲或母亲摆一层、孩子摆另一层，然后双方共同做中层，摆放各自心中的"缺位者"——成人摆放自己心中那个缺位的伴侣，而孩子摆放自己心中那个缺位的父亲或母亲。这样，我们就可以观察到，关于那个"缺位者"，孩子是复制了单亲父亲或母亲心中的意象和态度，还是有着与他们不同的意象和态度。

三代家庭，指三代人一起生活的家庭（遗憾的是，沙盘没有办法摆放四代家庭）。

在三代家庭摆放的设置中，关键的一点是，要按照辈分来排序。可以老一代在最上层，象征水流的源头；中间一代在中层；小辈在下层，象征水流的下游。也可以反过来，老一代在最底层，象征家族生命树的根基。但不管怎样，中间一代永远在中层。

如果参加心理咨询的时候，家庭中某一代的人没有出席，则可以让其他人共同摆放出"我们心中的他"，或者可以略去这一代，只让参加心理咨询的那两代人参与摆放沙盘。

不管针对哪种家庭，心理咨询师在家庭沙盘中所关注的一个要分析的要点都是相互影响。

家庭沙盘中另一个要分析的要点，是家庭关系中呈现出来的关系模式，特别是重复出现的模式。

还有一个要分析的要点，是这个家庭中的所有人的共性特征。例如，家庭中的关系模式、共性特征和共同情境，构成了这个家庭的家风；而家庭中的共同的冲突以及应对模式，构成了这个家庭的代际创伤。对家庭中所有人共性特征的分析，被称为家风分析或代际创伤分析。

在各种家庭沙盘摆放过程中，允许来访者之间进行言语交流，但通常不鼓励言语交流。这样，心理咨询师就可以借助家族行为互动所呈现的"隐形沙盘"，从远古认知层的空间视角，来观察和分析这个家庭隐藏在深层的家族无意识动力。

第五节　咨访关系沙屉

咨访关系沙屉，是由心理咨询师和来访者共同摆放的沙屉。

基本设置的方式是，由来访者选择上、下层中的一层，作为自己的沙屉。心理咨询师把上、下层中余下的一层，作为自己的沙屉。

而中间一层，由心理咨询师和来访者共同摆放，作为咨访关系场域的象征。

双方先独立摆放上层或下层沙屉，最好不要看对方的沙屉，在完成了属于自己的一层的沙屉后，再一起摆放中间一层的沙屉。

摆放中层沙屉时，通常在两种规则中根据情况选用一种。一种如同下棋一样，一个人一次摆放一个沙具，轮流摆放。另一种虽然也是依次轮流摆放，但是每一次可以摆的沙具数量不限，也就是说，每人每次可以摆放多个沙具，也可以在某一次不摆放任何沙具。无论采用哪种规则，心理咨询师都会邀请来访者开局，沙屉摆放到什么时候算完成也是来访者说了算。当然，如果来访者拒绝自己开局，而提出由心理咨询师开局，心理咨询师也可以先开局。但这个心理行为现象的呈现，需要作为"隐形沙屉"进行观察、讨论与分析。

在摆放沙屉的过程中，如果来访者愿意，心理咨询师和来访者可以边摆放边谈话。咨访关系沙屉和之前所述的沙屉不同。在之前所述的各种沙屉的摆放过程中，心理咨询师都不鼓励来访者与自己交谈。但在咨访关系沙屉摆放的过程中，有时心理咨询师会鼓励对方和自己交谈。交谈所包含的倾听、共情、扰动等，就是心理咨询的一部分，可以即时产生一定的效果。

摆放过程中的对话，对心理咨询有好处或者有干扰，不可一概而论。在有些情况下，少说话，专注于沙屉，可以让来访者和心理咨询师双方更好地沉入人格深层，效果更好。但有些情况下，某个特殊的心理能量焦点是在那个摆放的当下一闪即逝的，如果一定要等到沙屉摆放完成后再说话，那个心理能量焦点及其在来访者心中所激起的当下的感受就可能错过了。在这种时机下，恰当的语言交流可以达到恰到好处的扰动或画龙点睛的目的，使得心理咨询中的卡点瞬间流动起来，或像灵感一样被双方领悟，从而引发高峰体验。有时，当来访者被某个沙具所触动，不能自已时，心理咨询师甚至可以暂停摆放，针对触动了来访者的这个点，直接进行心理干预。

中层沙屉可以作为主体间性表达。对中层，即咨访关系的那一层进行分析的时候，重点在于来访者对心理咨询师的移情、心理咨询师的反移情，以及心理咨询师和来访者之间所激发出来的共移情、共时性、共构性等。

因此，咨访关系沙屉不仅可以作为意象对话取向心理咨询师的一个常规工具，还可以作为精神分析或荣格式心理分析对移情、反移情等的辅助工具。

这里讲一下咨访关系沙屉中的"手谈"。

咨访关系沙屉和以上所列举的其他沙屉的不同之处在于——其他沙屉只是来访者自我表达和呈现当前心理现状的场域，而咨访关系沙屉是有"疗愈者"参与构建的心灵场域。由于作为"心理职业工作者"的心理咨询师也参与了沙屉的摆放，因此摆放沙屉的过程，是心理咨询师和来访者以沙屉为工具的互动过程。我们把这个过程称为手谈。

手谈是来访者和心理咨询师用远古认知与原始认知交互对话，这种对话由于发生在很深的无意识层，因而对双方心理的冲击都会很大，会直接穿越阻抗触动到来访者乃至心理咨询师的人格深层，从而带来更加深远而有力的影响。

手谈，源于中国古代传统。在围棋中，双方棋手用棋来表达自己对局势及其演变的观点。围棋也是棋手心态的表达（参见金庸小说《天龙八部》中关于玲珑局的章节）。禅宗师父在教育求学者的时候，也常用这种方法（比如，给求学者倒茶，故意让茶水溢出，从而启发求学者懂得虚心的作用）。

在手谈时，心理咨询师和来访者如下棋一样，是轮流摆放沙具的。正如上述所言，对于个人每次摆多少个沙具，有两种设置：一种是限制每人每次只能摆放一个沙具，或对沙子做一次抚动；另一种是不对沙具摆放数量做限制，也就是说，每次可以放多个沙具甚至不放沙具。

每次可以摆放多个沙具，从象征意义上更符合现实，因为现实中的人对一个情境做应对的时候，一般是会同时有多种应对的。但是，这种设置在操作上会有一些麻烦——沙屉很快会被摆放得非常拥挤，反而淹没了主要的内容。一次摆放一个沙具，虽然在象征意义上对现实的还原度有所减少，但是能突出重点。因此，在多数时候，咨访沙屉的常规设置还是采用一次摆放一个沙具的方式。

值得一提的是，咨访关系沙屉对心理咨询师的要求更高。心理咨询师不仅要能迅速读懂沙屉，及时找到合适的回应方式，而且要能应付在人格深层迸发出的强有力的心理能量，同时还要有清醒的觉察力与远古认知层的敏锐直觉。因此，出于职业伦理要求，没有经过正规沙屉系统训练并达到合格的操作者，我们禁止他对来访者使用咨访关系沙屉。

第六节　情境沙屉

所谓情境沙屉，就是在预设的情境中完成的沙屉。情境沙屉好像象棋中的"残局"。

一、情境沙屉的操作

在操作的时候，来访者中的一方先在沙屉中布上一些沙具，形成一个情势，然后另一方开始加入，并在这个情势下摆放沙具来构造一个沙屉。

例如，家庭情境沙屉，父母先完成一部分沙屉，象征着夫妻俩在没有生孩子之前的生活。然后孩子加入，并在这个原生家庭的情境中根据自己的心理感受来完成剩下的沙屉，最后形成一个"三口之家"的心理互动场域。

如果在伴侣关系或家庭关系沙屉工作中，只有其中一方能来做沙屉。那么，心理咨询师可以根据来访者的报告及其自身对另一方的理解，设置一个大致代表不在场的那一方的情境沙屉。也就是说，这个沙屉的情境，大体上能代表不在场一方的基本状态。然后，让在场的来访者在这个情境沙屉上继续摆放，就可以体现出来访者对不在场的那一方的应对，以及双方之间的关系。

再如咨访关系情境沙屉，心理咨询师先摆放一个情境，代表咨询室、咨询设置和作为咨询师的自己，然后请来访者摆放自己在进入咨询场域之后的感受。也可以是来访者先摆放一个做咨询以前自己所面临的生活困境，然后心理咨询师开始加入参与，双方共同完成有心理咨询师介入之后的场景。

再如企业人力资源测评情境沙屉，考核者预先根据企业需求设置一些困境，然后让候选人进入这个工作困境，并完成整个沙屉。根据最终形成的沙屉局势，考核者应对困境的能力就一目了然了。或者，企业想考核员工的压力应对情况，就可以摆放一个代表工作环境中的压力的沙屉情境，然后让员工摆放，看他如何应对压力。如果想了解团体动力，也可以在对一个团体做沙屉咨询时，设置同一个情境，让多人分别摆放，从而测验不同人的不同行为模式，及其潜在的相互影响。

总之，情境沙屉的"玩法"很灵活，可以根据咨询阶段或咨询主题的浮现而随机设计。

二、情境沙屉的象征意义

在生活中，人并不是在空白的世界中去凭空构建自己的心理世界的，而是在别人已经形成的一个环境中去进行自我构建。因此，先布置好的情境，可以考核一个人对外界的应对方式。

此外，各种不同的已经设置好的情境代表着生活中的不同方面。情境沙屉可以把来访者原始认知中的思考引导到不同的方向，从而有助于心理咨询工作的定向性。如果学习过意象对话疗法就可以知道，预先设计的特定主题的情境沙屉，对应着意象对话中的"起始意象"。也就是说，任何一个起始意象，都可以作为情境沙屉在沙屉工作中完成。

沙屉中的情境，可以由心理咨询师根据当时的咨询话题自由设计，学习过意象对话疗法的人知道，这种自由设计的沙屉中的情境，对应着意象对话中的"随机意象"。

除此之外，还有一些大家可以共用的情境。这些是人类共同会遇见的典型情境，如"诞生""死亡""结婚""生病""战争""牺牲""欺骗""背叛""选择""流浪""回家"等，就是原型情境沙屉。

总之，情境沙屉的"玩法"众多，这里就不一一赘述了。

关于主题情境沙屉的开局示例。

前面讲过，有一些类似于"起始意象"的主题情境沙屉，需要心理咨询师预先用沙屉设计一个情境，然后由来访者就着心理咨询师设计好的这个情境，完成关于这个主题的沙屉摆放。虽然主题是来访者需要的，但由于这个主题的情境是心理咨询师设计的，因此对心理咨询师的个人职业素养就有更高的要求。心理咨询师需要最大限度地避免自己的主观性的影响，因此在沙具的使用上就需要格外谨慎。

例如，有一个人格层次沙屉中的情境：下层放了一条蛇，中层放了一棵树，而上层放了一个鸟（通常用鸽子）。

这个情境，就是"肉体—精神"情境。

下层的蛇，代表的是身体中的动物性本能。它是人的本能生命力的根源，也是人的欲望的象征。它可以善也可以恶，有一种直觉的智慧。它是人的贪婪、性欲和攻击性的基础，它是阴影，也是疗愈力的根基。在情境沙屉中所摆放的蛇，不是格外凶恶

的也不是格外可爱的，要处于中间的状态，以便于来访者投射。

在中层摆放的树，是成长过程的象征。树逐渐长大，并显现出树的本性。这个过程就是荣格所说的自性化过程或人本主义学派所说的自我实现过程。树的根向下，所指向的是下面的蛇，也就是深层生命力的象征。树的梢向上，所指向的是上面的鸽子（或其他鸟），也就是人的精神追求。中层所用的树的沙具，是一个既不很大也不很小的树。

在上层摆放的鸟，是精神追求的象征，代表着人的精神性、社会性或超越性的一面，不代表动物性的层面。对于不同心理发展程度的人来说，这个鸟的象征意义有一些差别。心理发展程度很低的人，其上层并不具有精神性，只能作为社会性的象征。而心理发展程度超出一般状态，达到了自我实现之后，其上层则象征着自我超越。心理发展程度中等的人，其上层的鸟，象征着自我人格已经建立后，基本的人格核心。

设置了这个情境之后，让来访者在此基础上摆放。来访者所摆放的沙屉，就能表达出自己如何处理人的动物性和精神性之间的关系。他是抑制了一方，而张扬了另一方？或者这两方之间发生了冲突？或者他实现了这两方之间的整合与和谐？

当然，在摆放沙屉的过程中或者摆放完成后，心理咨询师需要和来访者交流，倾听来访者对"情境"的感受，包括对心理咨询师预先选用的沙具有什么体验。如果来访者说："我心里的树和沙屉里的树有些不同，我的树是被雷劈过的，目前还只是一个树桩，并没有长出绿叶来。"那么，心理咨询师和来访者就需要对树展开更深入的工作，直到来访者心中的树转化为健康的树。

第七节　主题沙屉

所谓主题沙屉，就是预先设定主题，然后让来访者心中想着这个主题来摆放沙屉。

主题沙屉，就仿佛是一个"命题作文"，是要来访者自己按照预定的主题来摆放出一个与这个主题相关的沙屉图景或呈现一个沙屉上的故事。心理咨询师作为引导者，引导来访者创作主题沙屉，指导语可以这样讲："我看到你现在所面临的心理问题似乎和××主题有关，是不是可以做一个××主题的沙屉。也就是说，你现在心里想着这个主题词，请摆放出你感到和这个主题有关的情境来。"

在这里需要区分的是，这种单纯的主题沙屉和上面所说的主题情境沙屉，二者虽然都是关于某个主题的沙屉工作，但不同之处在于心理咨询师是不是介入了摆放。在单纯的主题沙屉中，来访者是一个人独立完成的，心理咨询师只是用指导语引导来访者。而在主题情境沙屉中，则是心理咨询师和来访者共同参与摆放沙屉，其中，由心理咨询师预先摆放出一个关于这个主题的情境，然后再让来访者去完成后面的部分。

一个人的人生故事，必然会涉及各种各样的主题。最核心的、对人触动最大的主题，主要包括生养的主题、死亡或丧失的主题、性的主题、亲密关系的主题、财富的主题、权力的主题、归属感的主题、人生意义的主题等。

在主题沙屉中，对上、中、下三层的设置也可以按照上面的某一种方式进行。比如，我们可以事先设定这次沙屉要摆放的是生的主题，同时是时间沙屉，这也就是说，下层代表过去，中层代表现在，上层代表未来，在这三层中所要摆放的沙具将要讲述一个关于生的故事。

更通俗地说，关于生的主题，沙屉所摆放的将是一个人如何谋生、如何活下去的故事。也许，这个人生存得很艰难，也许他的生存总是岌岌可危，也许活着对于他来说是从容而安定的，也许活下去很容易但他却活得很空虚、无聊……当来访者摆放了这个沙屉之后，我们对这个沙屉的分析和理解，都是扣着"生"这个主题去做的。设定了主题后，我们都从这个主题来理解沙屉中沙具的象征意义，这通常会减少我们理解沙具的意义的分歧，能让我们更容易懂得这个沙屉，从而更容易发现和理解来访者的生命追求、挫折，以及他当前的生命状态和未来的生命潜力。

对于死亡主题，一般人比较避讳它。但是在心理咨询中，当来访者正受到与死亡有关的事件的困扰时，就适合做这个主题的沙屉。比如，来访者刚刚丧亲，情绪受到了很大的影响，那么他就可以做一个死亡主题沙屉。或者来访者年老多病，很害怕死亡，那么也可以做一个死亡主题沙屉。一方面可以疏解来访者在这方面的紧张；另一方面还可以以死亡为契机，对来访者的整个人生进行整体的梳理和回顾，从而帮助他跳出那些琐碎的不如意，从内心深处发掘出对于他而言真正有意义的人生价值来，并由此获得对人、自我、生死、存在等终极问题的领悟。

性的主题沙屉对上、中、下三层的设置类似于伴侣关系沙屉。下层代表某一个性别，上层代表另一个性别，中间代表两性之间的互动关系。不过，在做性的主题沙屉时，来访者应自己去做，而不是和异性伴侣一起做。一般来说，最好把下层设定为来访者自己，而把上层设定为其异性伴侣，然后就可以让来访者进行摆放了。对于他所

摆放的沙具，我们都会主要从性象征的角度来进行分析解释。但如果在实操的时候来访者提出异议，他认为应该把和自己生理性别相对的异性放在下层，我们也不强行矫正他，而是允许来访者按照他自己心里的序位去安置他心中的世界。等沙屉完成以后，我们再伺机适度地和他讨论这份坚持的心理意义。

当然，在实际的临床心理咨询中，往往会有一些比上述情况更有针对性的做法。这就类似于意象对话的"随机意象"的操作方法——心理咨询师会根据来访者当下浮现出来的心理问题所反映出来的心理冲突，为来访者随机设定一个主题沙屉让他摆放。

例如，如果心理咨询师发现来访者一直生活在"拯救者情结"中，而此刻来访者正因为无法拯救他的母亲而感到心力交瘁、痛不欲生时，那么心理咨询师就可以让他以"拯救母亲"的主题做一个沙屉。这个沙屉的设置，一般来说，最好上层是拯救者，下层是被拯救者，中层是"拯救"和"得不到拯救"这两种力量的交汇之处的冲突与拉锯。但如果来访者要求反过来，即下层是拯救者，上层是被拯救者，中层是"拯救"和"得不到拯救"这两种力量的交汇之处的冲突与拉锯，那么我们就知道拯救者实际上处于一种什么样的心理劣势中，就可以在后面的分析与讨论中，和他被压到底层的"拯救者"进行更深入的宣泄、领悟与转化的工作了。

但有时候，情况可能更复杂。比如，心理咨询师发现，当前咨访关系中的紧绷以及来访者对心理咨询师的刻意回避，原来是因为来访者正受到"我一定会被心理咨询师抛弃"的困扰，那么心理咨询师就可以知道，此阶段的来访者正怀有一个"弃儿"的心态。本来在这种情形下最理想的方式是，心理咨询师和来访者共同摆一个咨访关系沙屉，这样心理咨询师就可以通过沙屉中的非语词语言告诉不安的来访者："我明白你的担忧，但我不会抛弃你，相反，我们正好可以一起来探索你到底经历过什么，以至于让你现在这么担忧。"但现在，由于心理咨询师的深度介入会给来访者带来更大的不安和抗拒，因此心理咨询师的操作就不再适合提及来访者的沙屉了。

在这种情况下，心理咨询师就可以请来访者用"被抛弃"主题来摆放沙屉。由于这个邀请只是让来访者更充分、更自由地去表达他自己内心的焦虑，而心理咨询师并不打算借着沙屉去否认他的被抛弃感，也不会借着沙屉去替自己辩护，说自己不是抛弃者，因此，通常这样的邀请会得到来访者的回应。

那么，在摆放"被抛弃"的主题沙屉时，来访者可以在上、下两层中自定义哪一层是抛弃者，哪一层是被抛弃者，然后在中层去表达自己当下的焦虑；来访者也可以自己设定每一层的意义，然后自由摆放。在沙屉完成后的分析和讨论中，心理咨询师最好先不急于表达自己的视角，而是更开放、更充分地倾听来访者的内心世界，这样来访者心中的"弃儿"就会随着双方的交流慢慢地流动，回到咨访关系当中。如此，被弃儿情结所阻断或卡住的咨访关系就通过这个主题沙屉，在来访者的内心中被修复了。

当然，心理咨询师不在此次沙屉工作中和来访者过多地分享自己所看到的东西，并不意味着心理咨询师没有自己的视角。实际上，无论来访者摆出什么沙屉，心理咨询师都会在自己心里存放着若干个不同的沙屉的基本视角。例如，从时间沙屉视角来观察弃儿情结的因果发展脉络，从人格层次视角来观察"弃儿"在人格的三个层次的不同表现，或从其他沙屉的基本视角来观察弃儿和他者之间的互动关系模式等。

此外，在针对心身疾病的沙屉工作中，我们还常常使用健康主题沙屉。比较常见的设置是按照人体的生理结构来进行的，即沙屉的上层代表头，中层代表躯干和上肢，下层代表下肢。

总之，在沙屉咨询实操中，这些不同主题的沙屉有助于心理咨询师更加有针对性地发现来访者的心理问题，并在无意识场域中潜移默化地促进来访者的情结进行深层的释放和转化。

第八节　沙屉的复合性用法

以上说的各种沙屉操作，都可以根据需要结合在一起使用，这就叫作沙屉的复合性用法。

例如，我们在讲情境沙屉时说过的伴侣情境沙屉、家庭情境沙屉、咨访关系情境沙屉、人格情境沙屉、主题情境沙屉等，就是情境沙屉与其他沙屉的复合性使用。

除了情境沙屉与其他沙屉的结合以外，还有其他沙屉之间的复合性使用。例如，两个人可以一起做沙屉，以探索双方的关系。这时，可以使用时间沙屉和双方关系沙屉二者的复合。也就是说，沙屉的三层分别被设置为过去、现在和未来。每一层都是两个人一起摆放，从而反映出双方的关系来。这样做出来的沙屉能反映双方关系的时间史。过去双方的关系是什么样子的，现在是什么样子的，将来会有什么样子的潜在趋势，都可以在这个沙屉中展现。

　　不过，要知道，做这个沙屉的时候我们对过去的记忆不是固定不变的。所以，在双方现在摆放的沙屉中的下层，我们所看到的那个"过去关系"，未必是真实的，而常常只是在双方现在的心理视角下所见到的"过去关系"。比如，当情侣分手后，一个人说"你从来没有爱过我"或"我从来没有爱过你"都是靠不住的，那可能只是现在这个心理视角的看法。但是，如果因此就说这个"过去"完全靠不住，也是不符合当前来访者的心理现实的。因为虽然过去是受到当前视角影响的，但我们依然可以从过去层的沙屉摆放中，看到一些过去就已经存在，却没有被注意到的线索，而这些线索则向我们显示出为什么关系会走向"现在"这种状态。

　　很多时候，随着对沙屉的进一步观察和探索，我们会跳出原来固结的某个特定的心理视角，去发现过去未曾被觉察到的诸多可能性。一个典型的情形就是，来访者原本是基于当前的某个特定视角去摆放了一个沙屉，但随着分析和讨论的进程加深，我们会突然发现，在同一个沙屉情境中还隐藏着双关或多关的存在，原来同一个心理故事还有不同的版本同时存在其中，而这些双关或多关的故事版本，实际上反映出的是一个心理情境中蕴含着的多种的发展可能性，而原以为就是唯一事实的那个故事，实际上只是在某一个心理视角下构建出来的心理现实。这样，原来被卡住的心理困境就被极大地松动，甚至被彻底重构了。

　　而时间沙屉中的上层，也就是未来层，所显示出的未来，也同样不会只有单一的解释，而是双关和多关的。当来访者能够看到这一点时，他就会自发地领悟到：用双关中的哪个解释来预言未来，就可能会加强哪个解释中的发展可能性，从而使得自己的未来走向更容易倾向于那一种被认定的未来。也就是说，预言实际上就是在诸多的未来可能性中去选择其中一种，因此反而会使得未来更容易成为这种"预言中将来的样子"。因此，如果需要心理咨询师对来访者解释未来，那么如果双关中两种可能性发生的概率差不多，就最好"言好事"（也就是做积极的预言）。但如果双关中那种不好的未来的可能性明显大于好的，虽然可以做"不好的"预言，但工作不能仅限于此，还需要与来访者就这种"不好的"未来的可能性进行下一步的领悟和转化工作，直到沙屉中"未来"的故事脚本呈现出自发的积极转化。

　　除了上述所说的时间沙屉与双方关系沙屉的复合使用之外，比较常用的还有伴侣关系沙屉与欲望主题沙屉的复合使用。

　　在操作中，我们把沙屉的下层设置为远古认知层的欲望（最核心的是性关系的冲突与满足），中层代表原始认知层的欲望（爱恨情仇的关系互动等），上层代表现代的逻辑思维层欲望（家庭背景、学历、经济条件等）。两个人同时在这三层摆放，以体现伴侣双方在本能、情感、理智三方面关系的匹配度。

更进一步说，这样摆放出来的三层关系的沙屉，下层代表的是双方在远古认知层的伴侣关系。中层代表的是原始认知层的关系，这个更能反映出双方的感情关系，如是不是有爱、相互依恋的模式等。而上层代表的是逻辑、理智层面的关系，也就是双方按照自己的理智来建立的关系。在意象对话疗法中，有一个测验两个人关系的起始意象，叫作"头胸腹"意象，和沙屉技术比较类似。上层展示的大体上就是"头与头"的关系，中层展示的就是"心与心"的关系，而下层展示的则是"腹部与腹部"的关系。

在这样的沙屉中，我们也可以看到一个人摆放在上层的沙具和另一个人摆放在中层或下层的沙具的关系，也就是看到各层之间的交互关系，即"我的头"怎么看待"你的心"，或"我的心"怎么看待"你的腹部"。因此这种沙屉对伴侣双方的关系能给出非常全面的展示，心理咨询师也可以以它为基础，针对双方的关系在不同层次给予调和，最终使得伴侣关系在本能、情感、理智三方面都能达到一个大致的平衡和满足。

第九节　无心理咨询师陪伴的沙屉
——沙屉在心理服务中的一种应用

虽然沙屉主要是用作心理咨询的工具，通常需要心理咨询师在场参与，但是即使是非心理咨询情境，或没有心理咨询师在场时，沙屉也是可以用的。

没有心理咨询师在场的沙屉，常用的有以下几种。

第一种，在两次心理咨询的间隙，来访者自己主动进行复盘体验或自我探索练习使用的辅助咨询沙屉。

第二种，摆放者在心理社工或其他心理工作者的陪伴和引导下做沙屉。

第三种，沙屉学习者或有一定基础的沙屉爱好者，在无人陪伴的情况下自己使用沙屉来做自我探索或心理游戏。

第四种和第五种，是所有咨询师必须参与的两种，是用来进行专业能力训练和提升的。一种是咨询师要时常用来发现自身未解决的情结以及未觉察的阴影的自我成长沙屉；另一种是咨询师在做咨询的过程中需要时不时对咨询情况进行复盘，来发现移

情、反移情、共移情等的自我督导沙屉。

下面，我们简要对这五种沙屉的做法来做一个说明。

一、来访者的辅助咨询沙屉

第一种是来访者的辅助咨询沙屉。在两次心理咨询的间隙，来访者自己主动用沙屉来进行复盘体验或自我探索。这种沙屉相当于来访者自发完成的"课外作业"或"课后练习"。其作用是增强正式心理咨询中的效果。

这里所说的心理咨询间隙，指的是每周除了做正式心理咨询之外的那些时间。比如，某个来访者在每周一上午 9:00—10:00 做 1 小时的心理咨询，除了这个时间之外，周一上午 10:00—12:00、周一下午、从周二到周日，都属于这里所说的心理咨询间隙。

辅助咨询沙屉的适用和不适用。

需要特别强调的是，因为沙屉的操作过程会深深地触动甚至打开无意识的内容，因而并不是所有的来访者都可以随意使用沙屉进行复习或练习。例如，对于有严重心理疾病的来访者、有边缘型人格特质的来访者或心理问题比较严重的来访者，我们不允许他们自己使用沙屉。换句话说，对于这些心理问题较为严重的来访者来说，所有的沙屉工作都必须在有专业的心理咨询师在场的正式工作中进行，以避免来访者因使用沙屉不当而导致的心理和行为风险。

心理咨询师需要警惕的一种情况是，有的来访者在心理问题没有爆发的时候，看起来似乎很正常，他们也并不属于上述心理问题比较严重的来访者。同时，有的心理咨询师会觉得，沙屉也不过是摆放沙具而已，因此会低估风险。实际上我们需要知道，沙屉虽然看起来很简单，但是其唤起来访者内心深层心理动力的作用力还是相当强的，所以，如果拿不准，心理咨询师务必不要轻易让来访者自己使用沙屉。如果来访者在自己使用沙屉的时候操作不当，一旦原型能量被触发，一堆原始意象自发涌现，就会突然激发出来访者难以自控的情绪、生理或行为反应，而此时心理咨询师无法在场及时对其进行干预，那么就有来访者自我功能崩解、身心受到创伤的风险。

因此，对于这种咨询辅助沙屉，只有心理问题轻微、自我功能足够好，且在心理咨询过程中对沙屉已经有一些必要了解的来访者，才可以在征询心理咨询师的意见后，自己使用沙屉。

那么，达到上述自行操作要求的来访者，如何在心理咨询间隙使用沙屉做复盘体验或自我探索练习呢?

复盘体验的方式,就是重新摆放在上一次正式心理咨询中最后完成的沙屉。而曾经摆放过的沙屉,最好是成功地起到了心理调节作用的,个别时候也可以是上一次正式心理咨询结束还未能起到心理调节作用的沙屉。但不论是哪种,都需要在心理咨询师评估后认为做复盘体验有好处,且在风险可控的情况下才去做。

通常的要求是,利用在上一次心理咨询中所摆放的沙屉的照片或其他记录材料,将整个摆放沙屉的过程慢慢复盘。但有些时候,来访者虽然拍照留念了,但出于某些原因找不到照片了,或者有些来访者虽然手中有照片,但出于某些无意识动力,他们希望先按照自己的记忆去复盘,再与原来的照片进行对照。心理咨询师可以根据来访者的心理功能等,来灵活把握是否允许来访者依照留在心中的"上一次的沙屉"去做复盘。

如果有些来访者根本不允许他人对自己的沙屉拍照,那么,这些来访者就不适合做复盘体验沙屉。

重要的是,来访者需要在这个复盘体验的过程中,静下心去重新感受每一个步骤,体会一下这个沙屉中的各个部分给自己带来的感受和激发的情绪。来访者可以及时记录这些感受和情绪。记录的方式可以是自己用纸笔简单地记录,也可以使用录音设备。

实践经验告诉我们,在复盘体验过程中来访者会发现,重新摆放与之前相同的沙屉时,他的内心已经有了很多和上一次不同的感受。他也许会在这一次摆放时,有一些新的发现和领悟。实际上,对于同一个重要主题的沙屉,如果来访者有意愿,也可以多次进行复盘体验。实际上,来访者会发现可能每一次复盘都会带来新的感受和领悟。这样对同一个沙屉故事进行一次又一次转化和重构的过程,会很直观、有效地松动来访者心中旧有的固着和带有偏执的信念。

在复盘体验完成后,来访者需要拍照记录,以便在下一次做正式心理咨询的时候把这些感受和领悟告诉自己的心理咨询师,并在此基础上继续进行下一步的心理咨询。

如果这个被复盘的沙屉,在上一次心理咨询中对来访者起到了很好的治愈作用。那么在重新摆放这个沙屉的过程中,上一次心理咨询中的积极体验和治愈性的情绪等可以重复出现,就可以进一步强化和深化那种治愈作用。这样,我们就可以更充分地利用心理咨询师在上一次咨询中提供的治愈性心理力量。相比之下,如果没有复盘体验练习,这种治愈的作用可能就会大受限制,而难以在来访者的内心深处扎根,不能

够发挥更长久、广泛的影响力。

通常在做这种复习性沙屉的时候，来访者应严格按照上一次心理咨询的记录去摆放沙具，避免改变摆放的内容。这样就可以避免因随意改变而带来不可预期的影响。因此，如果在心理咨询师给出的是复盘体验的设置下，来访者不遵从心理咨询师的要求，因自己随意改变摆放方式而带来了一定的消极影响，则心理咨询师有权拒绝来访者在自己没有在场的情况下使用沙屉。

但是有一种特殊情况，心理咨询师可以根据来访者的实际情况进行评估和把握，对于出于某种原因没有看到上一次沙屉照片的来访者，如果他们的心理功能等完全达标，也不存在打破复盘体验的设置的意图，他们本想要完全根据记忆复盘，但后来与心理咨询师核对的时候却发现，有些"棋子"被无意识地遗忘了、混淆了或摆错了位置。那么在这种情况下，这一次心理咨询的目标就要针对这些在复盘体验中涌现出来的无意识内容进行工作。

总之，在做复盘体验沙屉的时候，首先，心理咨询师需要对来访者的适用性进行充分的评估；其次，心理咨询师需要在复盘前最后一次正式咨询中对来访者进行指导，告知来访者需要注意什么，规则是什么，设置是什么，如何处理可能出现的问题，等等；最后，在复盘体验之后的下一次咨询中，咨访双方必须围绕复盘体验进行后续工作。

注意：在任何情况下，如果心理咨询师感觉自己不足以把控，那就不要让来访者做这种复盘体验沙屉。

自我探索练习的辅助咨询沙屉的基本操作如下所示。

自我探索练习的具体操作方式，要在来访者自身具有强烈的探索意愿，并且来访者自身素质也达到独立完成沙屉练习条件的基础上，由心理咨询师协助其设定。

练习是为了促进来访者对自身的了解，激发来访者自身所具备的各种潜力，从而使得咨询的进程更为稳健、有效。

自我探索练习有较为温和的，也有更具挑战性的。

较为温和的练习，是借用沙屉这个工具，有针对性地训练来访者在某方面的能力，如心理稳定的能力、对潜意识的理解力、自我关怀的能力等。

比如，来访者使用两个沙具，改变它们之间的距离、朝向等，并体会这样操作所带来的情绪和感受有什么变化。

或者可以从来访者自己原来摆放过的沙屉中抽取一个模块的几个沙具。在沙屉上改换这几个沙具的位置、方向等，或尝试用其他沙具替换其中的某个沙具，让来访者体会有什么感受，从而对这些沙屉的要素有更深的理解。

更具有挑战性的自我探索练习沙屉，由于对心理咨询师和来访者的要求都很高，因此适用性较小，通常只供那些专业心理咨询师、心理社工等在面对来访者时使用。因此，这部分内容就不在此书中赘述了。

总结起来说，在做这种自我探索练习沙屉的时候，首先，需要来访者有强烈的意愿；其次，心理咨询师需要对来访者的适用性进行充分的心理功能评估；再次，心理咨询师需要在自我探索练习沙屉前的一次咨询中，根据来访者的个人需要以及来访者的成长阶段，对练习沙屉的方式进行充分指导，告知来访者需要注意什么，规则是什么，设置是什么，如何处理可能出现的问题，等等；最后，在来访者完成练习沙屉之后的正式咨询中，咨访双方必须围绕练习沙屉的内容进行后续工作。

同样，在任何情况下，如果心理咨询师感觉自己不足以把控，那就不要让来访者做这种自我探索练习沙屉。

此外需要注意的一点是，无论是哪一类由来访者单独完成的沙屉，心理咨询师都必须制定一个危机预备方案。这样，一旦来访者在独自摆沙屉的过程中出现紧急情况，就可以及时地联络到心理咨询师，得到专业、有效的帮助。

二、心理社工陪伴下的独立沙屉

第二种是沙屉摆放者在心理社工或其他心理工作者的陪伴下做沙屉。

在这种情况下，摆放沙屉的人，并不是有明确心理问题的来访者，而是有轻微心理问题或有兴趣探索心理世界的人群。因为他们在心理健康方面基本正常，所以在做沙屉的时候也不会出现严重的情绪问题，即使没有专业的心理咨询师，有心理社工等人员在场也可以。

心理社工如果接受过沙屉的相关培训并考核合格，就可以指导别人用本书中所提到的多数方式做沙屉。不过，心理社工不适合和别人一起做咨访关系沙屉。因为他们不是心理咨询师，不具备应对咨访关系沙屉中的移情、反移情等问题的能力。

因此在做这样的沙屉之前，心理社工应告知摆放者，这不是心理咨询中的沙屉，所以自己并不会给对方做咨询，沙屉将由摆放者自己完成，而心理社工自己只是作为一个陪伴者存在。

通常情况下，心理社工不需要给摆放者解释沙屉的象征意义，不需要在沙屉摆放过程中做有意识的心理干预。但如果心理社工本身具有应用心理学背景，或具有心理

咨询师的专业背景，并且摆放者主动提出愿意听听心理社工作为旁观者的观点，那么，心理社工可以根据情况做适度的分享，并且要告诉对方这不是专业的指导而只是自己"个人的感觉或看法"而已。但在这种沙屉设置下，即便是有专业背景的心理咨询师也尽量不做解释和干预。

有足够的应用心理学或心理咨询相应背景，并且受到过相关沙屉培训的心理社工，如果考核合格，也可以用沙屉来解决社区中的一些小问题，如调解一些家庭中的心理冲突，或者帮助摆放者缓解消极情绪，等等。

三、无人陪伴的自我探索沙屉

沙屉学习者或有一定基础的沙屉爱好者等，在无人陪伴的情况下，自己使用沙屉来做自我探索或心理游戏。

需要强调的是，在无人陪伴的情况下，只有心理足够健康的人才可以做沙屉。

在这种情况下做沙屉并不是用来解决心理问题的，而是一种"游戏"或消遣的方式，虽然通常也会产生一定的自我探索的效用。

通常情况下，不需要对这种沙屉的象征意义做解读，也不需要非常专注地体验或者记录，沙屉游戏者自发、轻松、尽兴地"摆着玩"即可。

摆放者可以自发地进行创造。摆放者可以把这个过程当作"拼图"，就是用沙具在沙屉中摆出一些图形；也可以根据自己随意的想象，摆出某种场景或氛围；也可以摆出自己心里的一个梦或理想；等等。

只要摆放者自己觉得摆放的过程好玩或者摆成的沙屉作品有趣就可以。愿意最后拍照片留存也可以，不留存也可以。总之，这样的沙屉游戏非常强调自发性。

当然，沙屉学习者或有一定基础的沙屉爱好者在无人陪伴的情况下，会自发地想要使用沙屉来进行自我探索。这也是没有问题的。

儿童也适合做这种无人陪伴的沙屉，来进行自由游戏。但必须注意的是，预先需要对沙具有所限制。那些儿童不宜的沙具，如可怕的、过于丑陋的、畸形的沙具，象征着心理创伤的沙具，不恰当的裸露或有性意味的沙具，或一些具有潜在风险的原型沙具等，都需要预先从沙具架中拿出去，以便给儿童提供一个适宜的、有良好心理边界的心理游戏场域。

在社区活动中心，这样的沙屉游戏也可以作为一种游戏工具提供给儿童，可以一个儿童自己玩，也可以几个儿童一起玩。在几个儿童一起玩的时候，家长可以在他们的旁边。如果完全没有成年人在旁边，心理社工就需要要求参与的儿童承诺遵守一些基本规则，如"不要动其他小朋友的沙具，自己摆自己的"。如果有的儿童不遵守规则，心理社工或沙匣管理者就可以用"在一段时间内，不允许他玩了"来惩罚。或者，让儿童自己管理，大家商量规则并互相监督。总之，一切都像生活中的儿童游戏一样自然而然。

四、咨询师的自我成长沙匣

咨询师自我成长沙匣是专门为心理咨询师个人心理素质的提升和个人情结的化解设计的。基本做法既包含第一种沙匣做法（来访者在两次咨询间隙自己完成的复盘体验沙匣和辅助练习沙匣），也包含其自身很独特的做法，如最基本的梦沙匣、冲突沙匣、家族命运脚本沙匣等。

梦沙匣，就是心理咨询师针对自己的梦所做的沙匣工作。在操作的时候，对于上、下两层沙匣，一层代表心理咨询师自己的梦，另一层代表咨询师自己的现实生活，而对于哪一层代表什么，心理咨询师可以自由选择。中层作为留白，等待梦与现实的无意识内容自发涌现后再完成。通常完成以后，梦沙匣的中层会让心理咨询师看到梦与现实二者的平行空间中的共构性，会帮助心理咨询师意识到自己的现实与梦有共同的关联模式，而这些关联模式正好指向自己需要继续工作的情结。

冲突沙匣，就是心理咨询师针对自己心中或现实中有矛盾冲突的内容所进行的沙匣工作。在操作的时候，上、下两层沙匣分别代表冲突的两极，而对于哪一层代表哪一极、具体内容是什么，心理咨询师要根据自己内心的真实感受来摆放。而中层作为留白，等待冲突两极碰撞后的无意识内容自发涌现后再完成。通常三层沙匣的摆放都完成以后，冲突沙匣的中层会让心理咨询师看到新的出路，而这条新的出路往往和之前的应对策略有很大的不同。最后，心理咨询师将把三层沙匣作为一个整体来感受。在有些时刻，高峰体验或超越性视角会自发出现。

家族命运脚本沙匣，就是心理咨询师针对自己的家族情结所进行的沙匣工作。在操作的时候，上、下两层沙匣分别代表心理咨询师的父系家族和母系家族，而对于哪一层代表哪一系家族，心理咨询师要根据自己内心的真实感受来摆放。选好层级之后，心理咨询师需要回顾自己心中的父系家族和母系家族，选一些现实中的家族重要人物的沙具，并在各自对应的沙匣层级中把这些重要人物的相互关系表达出来。而中层作为心理咨询师自己，心理咨询师可以任意做自我表达，只要尽可能真实就好。等

三层沙屉的摆放都完成以后，心理咨询师要从各个方位观察整个沙屉，开放性地等待启发。通常，心理咨询师会一目了然地发现，自己这一层既和父系家族那一层有一些明显的共同模式或共同主题，也和母系家族那一层有一些明显的共同模式或共同主题，但除了与父系家族和母系家族所共同拥有的那些内容以外，还有非常独特的新的内容。而这些出现在自己这一层的新的内容中，有一些是和现实生活中的哪些家族外的重要他人有关的，还有一些好像纯粹是自己的。总之，在这样的观察和梳理过程中，心理咨询师会很容易发现自己身上更多认同和内化的心理内容，既包含资源，也包含创伤。在这个过程中，家族代际创伤是如何表达、如何传递、如何升级的，也会变得一目了然。

由于心理咨询师对自身情结的工作具有很大的专业性，而此书仅仅是对沙屉这个新技术做一个简要介绍，因此目前关于心理咨询师的自我成长沙屉的基本做法，就先简要介绍到这里。对于更深、更具体、更专业的相关内容，我们以后有机会将在另一本更专业的关于沙屉技术的书中介绍。

五、心理咨询师的自我督导沙屉

心理咨询师的自我督导沙屉，是用来帮助心理咨询师反观自己所做的咨询案例的。

众所周知，专业的心理咨询师会在做案例的同时坚持做案例督导，但实际上，由于昂贵的督导费以及督导师并不能随时在心理咨询师需要的时候在场，因此，仅仅依靠督导师的帮助对于成为一名合格的心理咨询师来说还是远远不够的。每个合格的或优秀的心理咨询师都需要在平时下功夫，做大量朋辈督导和自我督导的工作。

朋辈督导中的朋辈，虽然"功力"可能远远比不上督导师，但心理咨询师至少可以从朋辈那里获得宝贵的"他者视角"。但朋辈督导也有问题，就是案例内容会暴露给更多人，无论是在现实伦理方面还是在无意识咨询动力方面，都会产生一些压力。

而自我督导同样利弊参半。好处是，来访者的隐私被完好地保护了，这样有利于来访者的心理转化。弊端是"不识庐山真面目，只缘身在此山中"——少了一个他者视角，无论我们怎样自我反观，都好像是在努力抓着自己的头发想把自己拔出泥坑。

由心理咨询师独立完成的自我督导沙屉，则较好地解决了这两种补充督导模式的缺憾，让心理咨询师既能获得"他者视角"甚至"超越性视角"，又能很好地保护来访者的隐私。

　　心理咨询师的自我督导沙屉，最常用的有复盘沙屉、躯体化沙屉、双人梦沙屉、关系模式沙屉、回顾沙屉、阶段沙屉等。

　　以复盘沙屉为例。复盘沙屉就是心理咨询师把自己感到有些困惑的那一次咨询在沙屉上复盘，然后对其进行全方位、多视角的观察，从而发现隐藏的无意识内容的自我督导过程。

　　在具体操作的时候，心理咨询师可以把三层沙屉按照时间线来划分。例如，下层被划分为上上次咨询时的场景，中层划分为上一次咨询时的场景，而上层则是目前留在自己内心的种种感受和猜想等。在这个复盘的过程中，心理咨询师往往会有一些新的发现和感受。

　　等三层沙屉都完成之后，心理咨询师可以围绕沙屉，从上中下、前后、左右、远近等各个不同方位都加以观察，记录下当视角转换的时候所带来的完全不同的感受，也记录下自己平常更熟悉的是哪一个或哪几个视角、最不熟悉的是哪一个或哪几个视角等。最后，再翻出自己的心理咨询记录，对照一下自己的复盘，检验一下有没有被遗漏或篡改的内容等。复盘沙屉的过程由于引入了不同的时间和空间视角，必然会给心理咨询师带来与之前在咨询室里完全不同的感受，而沙屉将给心理咨询师呈现出一个极其丰富而全息的视角，帮助心理咨询师去重新发现和理解当前的这个案例以及在案例中如何参与的自己。

　　再以躯体化沙屉为例。躯体化现象是心理咨询师在咨询过程中很常见的现象，有时候躯体化是在无意识中对来访者躯体语言的镜映，但更多的时候是心理咨询师自己的反移情。因此，心理咨询师在咨询过程中的躯体化也是被督导的重要内容之一。通过躯体化沙屉，心理咨询师把自己在咨询中的躯体化摆放出来，并进行观察、发现的一种自我督导的方法。

　　在具体操作的时候，心理咨询师同样可以把三层沙屉按照时间线来划分。例如，下层被划分为自己在进入咨询前的身体感受，中层被划分为在咨询过程中自己的身体出现的种种感受，而上层被划分为此时此刻自己的身体感受。

　　如果心理咨询师对上述分层不熟悉，就可以按照空间线来划分三层沙屉。例如，把上、下两层划分为在咨询过程中自己和来访者出现的身体感受，而中层则是此时此刻自己的身体感受。或者更确切地说，沙屉的上层和下层分别代表在上一次咨询的过程中，心理咨询师记忆中的自己的身体感受和来访者向心理咨询师报告的身体感受。至于心理咨询师和来访者谁在上层谁在下层，由心理咨询师来设置。摆完上、下两层之后，心理咨询师不急于摆放中层，而是从上下、左右、前后、远近各个方位来看上、

下两层沙屉，在看的时候，如果出现任何当下的身体感受，就马上选沙具在中层沙屉中摆放出来。这样，等心理咨询师在各个方位都感受过之后，中层的沙屉也完成了。

三层沙屉都完成后，心理咨询师需要在沙屉中寻找关于以下问题的线索：在三层沙屉中，有哪些相似甚至共同的模式或主题？有哪些相反的模式或主题？有哪些虽然既不相似也不相反，却有因果关系的内容？三层中的两层代表了自己的身体感受（在咨询中的和当下的），这两层中有哪些共同的反应模式？又有哪些反应模式和自己的另一层并不同？在来访者哪一层沙屉中有哪些内容和心理咨询师所摆放的沙屉是完全不同且没有关联的？如果每一层沙屉都有一个独立的故事，分别是什么主题、什么情境、什么样的主人公？如果把三层沙屉都看作同一个故事的不同场景，这个故事在讲谁、发生了什么、结果怎样了？在带着一系列问题不断感受沙屉的过程中，心理咨询师往往会从一个全新的视角来看待和领悟自己的躯体化、来访者及双方的咨询关系。

最后再以双人梦沙屉为例。双人梦沙屉就是心理咨询师把自己的梦和来访者报告过的梦共同放在沙屉中去呈现，然后对其进行全方位、多视角的观察，从而发现隐藏的无意识内容的自我督导过程。

在具体操作的时候，心理咨询师可以把上、下两层沙屉分别设置为心理咨询师的梦世界和来访者的梦世界，具体哪一层属于谁，由心理咨询师自己根据感受来确定。也就是说，心理咨询师在上、下两层中的一层将自己的梦摆放出来，而另一层则摆放来访者的梦。摆放哪些梦呢？心理咨询师摆放的梦，最好是直觉中和这个来访者有关的梦、直接出现过这个来访者的形象的梦，或者是给这个来访者做咨询的前夜或当夜做的梦。而来访者摆放的梦，可以是来访者的初始梦、来访者最近报告的梦、来访者重复出现的梦，或者是来访者梦中有心理咨询师出现的梦。如果来访者报告的梦很少，心理咨询师甚至可以把来访者所有的梦都摆放出来。

摆放好上、下两层之后，心理咨询师要在中层沙屉中摆放现实的咨询场景——可以是最近的一次咨询场景，也可以是这个来访者令自己印象深刻的那些瞬间，还可以是不同咨询阶段的场景（如关系试探阶段、关系稳定建立阶段、理想化阶段、妖魔化阶段、关系危机阶段、关系修复阶段等）。

等三层沙屉都完成之后，心理咨询师可以围绕这个沙屉，从上中下、前后、左右、远近等各个不同方位都加以观察，记录下当视角转换的时候所带来的完全不同的感受，以及所见到的不同版本的故事。然后，心理咨询师可以在这个沙屉中寻找以下问题的线索：来访者的梦、我的梦、我们的现实咨询，在这三者中有什么共同的模式和主题？这个主题和模式告诉了我什么？我和来访者的咨询正停滞在哪里？我们的咨询方向将要被导向何处？在我们共同构建的关系世界中，有哪些已经隐藏在其中的危机中？有哪些没被注意到的资源和出路？在来访者的心理现实中，我扮演了他（她）的世界中的谁？和他（她）发生了怎样的关系？而在我的心理现实中，这个来访者又扮演了我的世界中的谁？和我发生了怎样的关系？这个咨询到目前为止给我带来了哪些新的视角？在遇到这个来访者之后，我的心理因为被他（她）影响，发生了哪些转化？

　　带着这些问题，心理咨询师反复观察、感受这个双人梦沙屉，将会有机会启动无意识的原型资源，并借助不同原型的超越性视角，给心理咨询带来非常有价值的信息，极大地拓宽心理咨询师的个人局限性。

　　同样，由于心理咨询师的自我督导工作具有很大的专业性，因此目前关于心理咨询师的自我督导沙屉的基本做法，就先简要介绍到这里。对更深、更具体、更专业的相关内容，我们以后有机会将在另一本更专业的书中介绍。

第六章

沙屉阅读

　　如果我们说沙具是沙屉中的文字，那么，一个被摆好了的沙屉，就相当于一篇文章。

　　只不过这篇"文章"是用有象征意义的视觉图像，也就是我们所说的意象写成的。

　　在心理咨询中，咨询师通过"阅读"来访者所写的"文章"，就可以对来访者这个"作者"的内心有很多的理解。因此，在使用沙屉做心理咨询的时候，心理咨询师应该有能力读懂每层沙屉的内容。也就是说，心理咨询师应当具有理解这些象征意义的能力。

第一节　什么是沙屉阅读

　　通过看自己或别人所摆的沙屉，从而懂得了摆沙屉的人的心理感受和所传递的心理信息，这就是沙屉阅读。

　　在阅读一盘沙屉的时候，作为"读者"的心理咨询师，并不只是使用自己的原始认知，还会使用自己的远古认知去阅读。

一、原始认知的沙屉阅读

　　用原始认知去理解的过程，就仿佛用艺术鉴赏者的眼光去看一幅画。这样的阅读方式与用逻辑思维（或称现代认知）阅读的方式不同，它不是一个按部就班的逻辑推理过程，而是一个反复观看、识别、寻找模式、理解意义、建构故事的过程。换句话说，这个过程不是按照一个固定的步骤去完成的，而是没有固定顺序的。在这样的原始认知过程中，人对整体的沙屉的领悟，就是原始认知层的"懂了"。

　　而对于纯粹的逻辑思维来说，一段话的意义是非常有限甚至是非此即彼的。因此，如果阅读者能够认识这段话中的文字，也能够懂得这段话中用来推理的逻辑性，并按照这段话的思路进行推理，就可以得到相同的结论（如果不同，往往说明有一个人的逻辑用错了）。在逻辑思维中，懂了就是懂了，不懂就是不懂，懂了百分之几就是懂了百分之几。

而原始认知不同，意象是有多个意义的，意象之间的联系方式是模糊的，意象构成的故事总是会有双关甚至多关的解释。因此一个沙盘永远不会只有一个唯一正确的解读。沙盘所要传达的也不是一个有限的、精确的意义，而往往是"言有尽而意无穷"的，是可以传达出很多意涵的，是意味深长的。它所传达的往往是一些复杂而交织起来的情绪。所以，"懂了"这个沙盘是可以有不同深度、不同层次、不同复杂程度的。来访者对自己永远不会"完全懂"，因为来访者的沙盘是他内心的意象的表现，其中也蕴含着很多种可能性的解读，很难有被完全读懂的可能性。我们也是一样的，在看来访者的沙盘的时候，也往往只是懂了一定程度，而且我们也不知道这是百分之几，因为我们永远也不可能知道总数是多少。

原始认知的规则为：用意象的"字符"，通过意象与意象之间的关系，构建出一个有时间、空间、因果的故事。这种思维是叙事思维。

二、远古认知的沙盘阅读

用远古认知去理解的过程，就仿佛一个学骑自行车的孩童用自己的身体去弄懂自行车行进方式的过程。无须赘述，这样的阅读方式，显然和用现代认知的逻辑思维不同，因为我们无法通过读懂一个非常符合逻辑的自行车使用说明书，就学会了骑自行车。

远古认知的阅读方式，也和用原始认知的意象叙事思维不同。远古认知是用身体及身体感受来阅读自身、世界以及彼此关系的。原始认知是看意象之间发生了什么故事，而远古认知则是看所出现的事物给我们带来了什么感受。远古认知是关于身体的认知，因此是非常"当下的"。所谓远古认知的沙盘阅读过程，就是心理咨询师去感受出现在沙盘中的每一个沙具，以及来访者在放那些沙具时瞬间的身体姿势、动作、表情，甚至在摆放沙盘的过程中出现的每一个小插曲、小意外等，给自己带来了什么触动和感受。

用远古认知阅读一个人摆放沙盘的整个过程，就好比一个人观看另一个人跳舞。我们在这个过程中去感受舞者和他的舞蹈，会在自己内心中感受到舞蹈中所流露及蕴藏的力量、美或别扭、节律规则和不规则等，以及舞者自身的状态等。远古认知甚至不仅仅只是在感受舞蹈、舞者以及舞者与舞蹈的关系，同时还能感受到舞台的氛围乃至观众场域的状态等。

远古认知中的基本运算符号主要是身体感受和动作倾向。例如，当来访者对盘沙

做了一个抚弄的动作，或当某个沙具被放置在某层沙屉的某个位置，或当来访者掩埋了某个沙具时，心理咨询师即刻就会感受到身体的愉悦或不愉悦，本能地产生了"想避开"或"想接近"等动作倾向。这种随着沙屉的进程，完全下意识、毫无理由的身体现象的发生，就是远古认知的沙屉阅读。

在沙屉咨询中，远古认知会从头到尾地参与其中。例如，对于来访者进入沙屉工作的场域，来访者的站姿或动作，来访者寻找沙屉哪一侧作为自己立足的地方，来访者如何触沙、如何选沙具乃至安放每一个沙具的每一个瞬间，心理咨询师作为远古认知的阅读者，都会在身体上体验到相应的感受，并且产生行为上的反应倾向甚至不自主的动作和姿势。整个沙屉做完后，又会给心理咨询师带来一种整体的身体感受，并且形成呼应这个沙屉的一个行动模式，或者一种回应这个沙屉的行动的总体倾向。如果心理咨询师的能力足够，他会非常强烈地感受到这个沙屉中的种种动力、能量、形势和局面，并且身体上能自发产生对沙屉的协调和适应——这个功能就是远古认知的基本功能，也被称为"身体的智慧"。这种借助身体与当下流动的场去即时感应的思维，就是感觉运动思维。

值得一提的是，虽然远古认知和原始认知都是沙屉阅读的主导功能，但远古认知和原始认知二者还是不同的。原始认知可以"语意双关"，就像《罗生门》电影一样，同样的一个沙屉情形，可以构建出完全不同甚至彼此矛盾的故事，而这些故事完全可以在不同的时空中平行并存。而远古认知却并非如此，身体的某一个部位不可能对同一个东西同时产生矛盾的感受，也不可能用相互矛盾的方式来产生反应。如果一个沙具的安放在此刻让人的手放松，就不会同时让人攥紧拳头。

当我们同时借助原始认知的叙事思维和远古认知的身体思维看懂了一个沙屉时，我们就会在很大程度上读懂了摆放这个沙屉的人的内心世界。我们会读懂他的人格、读懂他的心情、读懂他的行为……这种"懂"并不总能用语言说清楚，这种"懂"是可以以心传心的懂，是会心的懂。语言只能近似地对这个"懂"做出一种描述，但真正的那个"懂"本身却是不可言传的。

让我们用生活中的例子来说明一下：如果你有一个朋友，你们一起经历过很多事情，他很懂你。如果我们让这个朋友说一说他对你的理解，他当然也可以说一些话。如果他的文化程度高、表达能力强，就可以说得很好。但如果他文化程度低、表达能力不强，就可能说不出什么来。是不是那个没有"说得很好"的人，就"懂"你懂得更少？你知道不是这样的，懂不懂和说不说得出来是两回事。如果一个很懂你的人把对你的理解说出来，另一个根本不认识你的人把懂你的那个人的话全部背诵下来，那么这个不认识你的人算懂你的人吗？当然不算。

原始认知和远古认知中的所谓懂、所谓理解、所谓领悟，就是这种无法言传的懂。

沙屉的阅读也是一样的。心理咨询师看一个沙屉，懂了这个沙屉，进而通过这个沙屉懂了那个来访者，这些懂未必能言传。

但在临床工作中，我们还是多少可以说出一些对它的领悟的。这种用语词言说出来的过程，就是对沙屉的心理分析和讨论。在心理分析和讨论中，我们对沙屉所做出的解释，就是一个对本身不可言传的领悟的近似传达。

当然还有的时候，我们对沙屉进行解释和分析，也是用了逻辑思维的，这种沙屉阅读就等于阅读并翻译，把原始认知和远古认知所懂得的内容，通过逻辑框架的整体重新翻译成现代认知语言。

第二节　沙屉阅读的基本方法及其步骤

在沙屉上，屉沙和沙具都是最基本的词汇。每种屉沙、每个沙具都有象征意义，在整个沙屉作品的大背景中，读出屉沙上的这些沙具的象征意义，是沙屉阅读的第一步。

不同品质、颜色、质地和来源的屉沙，在被放入沙屉之前，就有其自身的意义。例如，从珍珠蚌身体中剥出来的珍珠、经过数千年风化的琥珀或者从东北老家院子里带来的黑土，它们给尚未成形的沙屉带来了不同的故事背景。

一个沙具也是具有多重意义的。不仅它在未进入沙屉之前是有多重意义的，就连它被放入沙屉具体的某一层、某一区域、某一些沙具旁边，也依然不会独立地表达唯一的意义，而是在这个整体中由背景和前后文关系来界定出一个或几个特定的意义。然后，这些特定的意义使沙具和沙屉的其他部分发生关联，最终构成整个沙屉中的那些心理意义。

因此我们在阅读沙屉的时候，需要结合整体沙屉去理解其中的每个沙具，又通过对每个沙具的理解，进而更深入地理解沙屉的整体意义。这种方式的阅读和逻辑思维的阅读是不同的。逻辑思维的阅读可以用线性的方式来进行，也就是一句一句地读。

而沙屉的阅读是"整体—部分—整体—部分"循环往复的阅读，不同层级和视角的意义在这样的过程中逐步地清晰化与凸显出来。对于沙屉初学者来说，如果有一个已经完成了的沙屉摆在我们面前，我们大体上可以按照以下方式进行阅读。

一、对沙屉的整体概况进行阅读

对沙屉的整体概况进行阅读是第一步。不用很仔细地去看，只是粗略地看一看这整个三层的沙屉给我们带来什么样的感受。

在这一步，我们甚至不需要看清里面放的是什么屉沙、什么沙具，只需要借助一个整体的影像就能获得模糊的感受。通常我们建议在这一步，阅读沙屉的心理咨询师可以站在距离沙屉一两米的地方。因为有距离，所以心理咨询师可以看到整个沙屉，或稍微上下打量一下就可以看到整个沙屉。虽然没有看清细节，但这时我们已经有一个整体的感受了。这些第一感受，既有原始认知层的情绪情感，也有远古认知层的本能的身体直觉。

比如，有些来访者在沙屉中放了很多的沙具，整体上就显得很满，也许会有紧迫、拥挤的感觉，或者会有热烈、繁华的感觉，或者会有能量充溢的感觉。有些来访者在沙屉中的每层只放了少数几个沙具，整体上就显得不那么满，而这种比较空的沙屉可能有冷清寥落的感觉，或者可以有清爽舒适的感觉，或者可以有单调无味的感觉，等等。

如果在来访者的三层沙屉中，有的层很满，有的层却很空，那就会形成对比。各种不同的对比就会带来更多复杂的情绪和身体的感受。

再如，在某个沙屉中所选用的沙具多是形象美好、洁净、完整的，或者沙具多是形象令人恐惧的或丑陋、扭曲和残缺不全的，也会给阅读者的原始认知层和远古认知层带来不同的初步感觉。

也可能在来访者的沙屉中，某一层的沙具都偏于美好，而其他层却是危险或黑暗的，这样就形成了不同层之间的对比，这种对比同样会给心理咨询师带来一些特定的、初步的和总体的感受。

各层沙屉摆放出来的基本布局或形态，也是决定心理咨询师基本感受的一个重要因素。有的可能会井井有条，显得错落有致，形成了一个很优美的基本图形；有的却显得非常混乱、不和谐，给心理咨询师某种很不舒服的感觉。沙屉各层之间是否一致，也会给心理咨询师的原始认知层和远古认知层带来不同的观感。

在实践中我们发现，有些沙屉中的某个主题似乎会非常明显地表达出来，以至于第一眼就会被看到。例如，如果下层沙屉中有很多猛兽毒虫、中层沙屉中有很多战士和武器、上层沙屉中有影视动画片中的战斗者形象，那么"战斗"的主题显而易见，几乎任何心理咨询师都可以感受到那种遍布一切的攻击氛围。如果一个沙屉的下层是一些红色和蓝色的美丽的鱼儿在戏水；中层是几对年轻的男女，其中一个房子里的一只小狗正望着房子外面的另一只大狗；上层是维纳斯女神、太阳神阿波罗和他们的神庙及其崇拜者，那么心理咨询师也会一目了然地感受到"两性关系"的主题及其氛围。

然而，即便对这样从表面上看似乎特征明显的沙屉，我们也不能掉以轻心地妄下结论。因为常常也有一种可能就是，在我们仔细阅读完沙屉的每一部分以及每一层的关联之后，我们会发现这个表面的主题只是一种掩饰，而这个沙屉真正的主题却隐藏在这层"外衣"之下。但无论是哪一种情况，当我们刚开始阅读沙屉的时候，只要在第一眼看整体时能看到这个"战斗"或"两性关系"的主题就可以了。

这一步对于心理咨询师来说，重点在于自己的内心和身体的感受，而不用去推想为什么自己会有这种感受。如果时间足够充裕，心理咨询师还可以一边感受，一边在心里存放一系列的问题：这个沙屉整体上是让人舒服的还是不舒服的？如果有一个词能表达这个感受，这个词是什么？或者说氛围是什么样子的？在总体感受上各层很一致还是有冲突？沙屉的各层之间的轻重感如何？是感觉沙屉的下层最重、上层最轻，还是有头重脚轻的感觉？

二、逐层阅读沙屉

逐层阅读沙屉是沙屉阅读的第二步。

逐层阅读，就是在上一步整体阅读的基础上，对沙屉进行一层层的详细阅读。

需要注意的是，在看某一层的时候，我们要先对这一层有一个整体的观察，并获得一个对这一层的整体感受。

如何看待心理咨询师对单层的整体感受呢？其实和第一步看整个沙屉的整体所使用的方法是一样的。只不过是将看整个沙屉的方法，用于看这一层沙屉而已。具体说来，我们看某一层沙屉时，会关注这些感受：这一层在整体上给人感觉如何，好或者

坏，满或者空？有什么明显的主题？屉沙的堆积形态或形状有什么显著之处？沙具的摆放是不是构成了某个图形？等等。

在逐层阅读沙屉这一步，心理咨询师同样需要学习一些基本方法。其中最重要也是最基础的就是关于沙屉的分层阅读顺序。

阅读沙屉的层次顺序并没有一个固定不变的规则。在临床实践中，对于某一层沙屉的阅读，我们究竟应该使用哪种阅读方式，需要根据情况确定。因此，此书简要介绍几种常用的沙屉阅读方式的心理意义，以便于沙屉学习者和操作者灵活把握。

（一）先看中层，再看上层或下层："中—下—上"或"中—上—下"

先看中层，是实操中的一种常用方式。因为中层通常代表一个人的现状，或者一个关系的现状，或者某一个问题的现状。所以，先看中层，就可以对这个人的心理现状和基本现实状况有一个基本的理解。有了这个"他现在在哪里、他目前是怎样的状况"的理解之后，再看上层或下层，则是对这个理解进一步深化。

在上、下两层中应该先看哪一层，我们要根据情况来定。

通常，在任何人际关系的沙屉中，我们都先阅读被来访者认定为"我"的那一层。例如，在伴侣关系沙屉中，摆放者选择将下层作为"我"、上层作为"对方"，那么在阅读沙屉的时候，我们就要优先阅读下层。

如果不是人际关系沙屉，我们通常以摆放者心中的时间发展顺序来阅读。例如，在"困境—愿景"沙屉中，我们要问摆放者，他是先有"困境"才有了"愿景"，还是先有"愿景"才有了"困境"。（如果我们用心感受一下这个顺序的不同，就会发现其实其心理意义是非常不一样的。）如果摆放者先有"困境"，我们就优先看"困境"那一层；如果摆放者将"困境"摆在上层，我们就优先看上层；如果摆在下层，我们就优先看下层。

（二）先看下层，再看中层、上层："下—中—上"

"下—中—上"这种阅读方式，是从下往上看的，往往用于追溯心理的发展史，或者用于追溯心理问题的根源，就像看一棵树是怎样从小树苗长成了现在的样子，因此结合精神分析、荣格分析心理学或者意象对话疗法使用，都可以很有启发性。

（三）先看上层，再看中层、下层："上—中—下"

"上—中—下"这种阅读方式，是从上往下看的。实际上，这种方式与我们日常生活中看一个陌生人的过程很相似：我们往往会先看到他努力塑造自己期望成为的样子（上层往往象征着美好的理想）；但是和他待久一点，我们就会看到，原来他的现实生活是这样的，其实有一些问题正在耗费着他的精力，正在困扰着他（中层往往象征着这个人的现实，往往是他实际上最关注、自我感觉投注心理能量最多的地方）；而与他相处更久之后，我们才渐渐看见他的内心深处或接触到他的人格，也因此会对这个人为什么会渴望过上上层沙屉中呈现的那种生活，以及为什么实际上却有现在所面临的那些困扰而产生许多理解。

此外，如果心理咨询的重点在于关注上层沙屉所象征的内容，包括对未来的规划、精神生活等，也可以从上层沙屉开始阅读。

（四）先看上（下）层，再看下（上）层、中层："上—下—中"或"下—上—中"

"上—下—中"或"下—上—中"这两种阅读方式，都是最后看中层的。看中层的阅读方式，适用于所有最后摆中层的沙屉。这样的阅读方式有一个优点，就是不会预先对来访者产生刻板印象。我们已经知道，沙屉的中层通常代表来访者的现状：他现在是怎样的人，他现在处于怎样的状态，他现在正在以怎样的活法活着，等等。所以，一旦我们先仔细地阅读了中层后，我们就很难跳出自己的主观想象和判断，会对摆放者产生一个先入为主的看法。而这样的看法，在之后和来访者互动的时候还会很容易被加强、放大，以至于我们再去看上、下两层的时候，就很难以更加开放的心态去观察和感受了，这样可能就会错过很多有价值的重要线索。

而最后才看中层，会给我们尽可能地保留"空镜头"创造条件，这样，我们就会比较没有方向、没有成见地去感受上、下层了。而在实操中，上、下两层的内容通常跨度比较大，甚至是对立两极的，我们的视野和心量也会因此被打开。等我们看完上、下两层，带着一大堆问号和没来由的感受再去看中层的时候，往往反而会有豁然开朗的感觉。

（五）阅读顺序与沙屉摆放顺序一致

与沙屉摆放顺序一致的阅读顺序也是常用的。这种阅读顺序有一个非常好的优势，就是很容易与来访者建立共情关系，发展出"心理同频"甚至"心灵感应"。

这里所说的沙屉阅读者，并没有像心理咨询师那样去陪伴来访者经历摆放沙屉的

整个过程，而是在没有任何关于沙屉摆放者信息的情况下，去阅读他的心理世界。因此，沙屉阅读者和一个陌生人的沙屉作品是很难即刻建立心理联系的。即便沙屉阅读者因很有天赋或者训练有素而具有很强的感受力，也难免会根据自己的理解和想象，基于自己的个人生活经验去做出解读。就像一个参观者站在一幅油画前，如果他完全不认识油画的作者，也不了解任何关于这幅油画的背景，就算这个参观者很有艺术鉴赏力，他也完全可能把这幅油画想象成一个和创作者想表达的内容完全不同的故事。

例如，我们面前有这样一个沙屉：下层是空荡荡的白沙，不但什么沙具也没有，连一个手指头印都没有；中层是一片有地有水的树林，其中有一只美丽的鸟儿正在巢里孵几个蛋；上层铺着金灿灿的琥珀细沙，中央摆着一棵茁壮的参天大树，四周是非常美丽的宫殿，还有七位美丽的仙女正在围着大树翩翩起舞。

一个很有感受力的阅读者可能会在心里形成这样的故事：这位沙屉创作者是一个春风得意的人，目前他要么正在孵化自己的成果，在单位比较有归属感；要么就是家庭安稳、和美，而且可能正在孕育后代；他出身不好，生在一个一穷二白、一无所有的穷乡僻壤或家庭里，这可能会让他格外想要拥有世间的荣华富贵，虽然他现在已经不错了，但他显然还怀有更高远的理想和雄心壮志，并且对未来报以积极的憧憬和期许，属于成就动机很高又很有主心骨的人……

而实际上，沙屉的摆放者，却是一个正在考虑是否要舍弃世间生活去出家修行的人。

对比沙屉阅读者和沙屉摆放者的内心故事，我们会发现，说者所讲的故事和听者听到的故事，简直完全不同。问题出在哪里了呢？显然，沙屉阅读者是富有感受力和意象解读经验的，他是按照"中（现在）—下（过去）—上（未来）"的顺序编出了一个足以自圆其说的故事。但实际上，沙屉的摆放者却是按照"中—上—下"的顺序来摆放的。如果沙屉阅读者阅读的顺序与沙屉摆放者摆放的顺序一致，那么至少阅读者心中就会产生一种强烈的感受——在沙屉上仿佛有一股带着强烈欲望、向上勃发的力，在创造出一个美好世界之后突然之间从高处坠入深渊，而那深渊一片死寂、苍白、寸草不生，与坠落之前的那个阳光灿烂、充满希望和美好、和谐有序的理想世界形成了极其强烈的对比。

通过以上这个例子，我们可以多少感受到一点"与沙屉摆放者摆放顺序一致"的阅读所带来的共情优势了。

通过以上这些基本方法，我们对一个沙屉进行了逐层阅读以后，可能会对沙屉摆放者的内心有所理解，但也可能我们一下子还是看不出什么。看不出也没有关系，我们还是可以继续进行下一步。

三、某一层的区域阅读

在完成了第一步整体阅读和第二步逐层阅读后，某一层的区域阅读是沙屉阅读的第三步。

在区域阅读这一步，我们要分辨在这一层沙屉中形成了几个区域。通常，所摆放的沙具会形成若干区域，而不同的区域会有不同的主题。有时候，屉沙所构建的地形也会给这一层沙屉分区。

沙屉中自然划分的区域通常有各自独特的主题。比如，在常见的区域主题中，有的区域是生活区，在生活区中可以有一两个神态比较放松的人，有花草等植物围绕，或有生活用品，或有一两只小狗、小猫。这些沙具会围在一起，形成一种比较家常、安全和舒服的氛围。有的区域是阴影区，在阴影区中会有一些带有死亡和危险能量的沙具，如邪恶人物、毒虫等，附近放一些本身并不危险的沙具，但是这些本身不危险的沙具在死亡能量的沙具的影响下，就会带有危险的气息，展示出了相对更黑暗的意义。还有的区域是本能区，在本能区中常常会有标志性的沙具体现本能，或用一些动物沙具来展示本能。

上述的示例只是用作启发，实际上各个区域的命名都没有规定。心理咨询师和来访者在阅读的时候，可以根据感觉来自由命名。

每个区域的范围并不需要绝对明确。因为在沙屉中，各个区域代表心理世界的一个部分，而各个部分之间都是相互渗透的，所以我们没有办法绝对化地划清界限。但大体上我们还是可以凭感觉区分开哪些沙具属于一个区域。因为在同一个区域中的那些沙具，互相之间的关系会更密切；而不在一个区域的沙具，互相之间的距离或关系一般会更疏远。但也不需要保证每一个沙具都属于某个区域。暂时没有看出个别沙具是哪个区域中的，可先不用去管。

不同区域的沙具的密度和数量可能会有明显的不同，有的区域可能密度很大，有的区域可能只有一两个沙具。不同区域的"地形"也可能很不同。有的区域可能在沙子堆起来的"高原区"，有的可能会在露出了底盘的"湖区""海区""河流区"，有的会在"平原区"、"水边"或者"树林区"。

有时不同区域之间也会以地形来分隔，这样我们就很容易看出不同区域的边界

了。比如，有时两个区域之间有一条河隔开，或者一圈栅栏分开了内部和外部两个区域。不要只看沙具，屉沙所构成的地形也表达了很多意义。而且有时候来访者还可能会用湿沙塑造出某些形状，如用湿沙塑出一个房子或桥。在这种情况下塑造出的房子和桥，也可以看作临时的沙具。

在个别时候，某一层沙具的数量特别少，只有一两个或者两三个。这时沙屉同样可以分为不同区域，在个别情况下两个沙具可以构成三个或四个区域。究竟会有多少个区域，并不是我们所规定的，而是在沙屉中自然形成的。

分完区域后，咨询师对这一层沙屉的体会就会进一步加深。

四、观察各个区域之间的关系

观察各个区域之间的关系是沙屉阅读的第四步。

划分好的各个区域之间的关系形态各自不同。有些只是并列的，也就是说，各自表达人的心理的一个侧面。有些是因果关系，一个区域的状态会影响另一个区域的状态。有些是相互促进的关系，一荣俱荣、一损俱损；有些是对立关系，两个区域之间互为对手，或者相互争胜，或者一攻一守；等等。

桥，是一个很特别的沙具，它常常起到在两个区域之间建立联系的作用。在阅读沙屉的时候，我们可以特别关注一下桥在哪里，也可以试着体会一下，如果这个桥没有了，其他部分所带来的感觉会有什么变化？在阅读的时候，为了更清晰地感受到没有桥的变化，是不是可以暂时把桥的沙具拿出沙屉呢？我建议不要这么做。虽然拿出去之后更容易看清效果，但是有时候来访者看到效果后可能就不愿意把桥再放回到沙屉中了。而这就违反了沙屉的基本设置：放进去的沙具在多数情况下不能拿出来。

五、表达对沙屉的理解并讨论

表达对沙屉的理解并讨论是沙屉阅读的第五步。

在观察了各个区域的彼此联系之后，对于这一层沙屉，阅读者就会形成某种比较清晰的看法，很多心理内容就会被理解到。在这个时候，如果沙屉摆放者也在场，并且他愿意就自己的沙屉进行讨论，阅读者和摆放者就可以讨论在这个沙屉中所表达的心理内容。在讨论过程中，摆放者可能会因此产生一些情绪反应，而沙屉阅读者此时就要给予合适的回应。

有时候摆放者也可能会对沙屉的表达做补充说明。例如，为什么这层沙屉要这样摆，表达了摆放者自己的什么心情。在实操中我们发现，这些摆放者所做的补充说明往往有两种：一种是来访者对自己的内心更清楚了，所以要通过补充来表达；另一种是来访者发现自己的内心被阅读者洞悉，而产生了掩饰自己的需要，所以借补充之名，来掩盖自己在沙屉中所展示出来的心理内容。

后一种情况属于阻抗，阅读者要有对阻抗的警觉，不要误把阻抗性的补充过于当真，但是也不要急于和摆放者当面对质，不要急于"揭穿"他的掩饰。只需要知道，这里他可能被激起了一定的阻抗，这背后是有一些不安的，这样就可以了。阻抗实际上提供了一种心理信息，那就是这个地方是来访者格外需要防御的，这里一定有其重要性。这个重要性是什么呢？阅读者可以进一步去探索和发现。

另一个要注意的，就是如果摆放者的补充和阅读者原来所看到的不一致，阅读者不要轻易就判断其为摆放者的阻抗。也有可能是阅读者自己原来所看到和所分析的并不正确，对此阅读者要保持充分的开放性，可重新试着去从摆放者的视角看一看，也许会有新的结论。

说到底，究竟是否是阻抗，并没有一个固定的标准，要靠用心体会才能比较准确地做出判断。还有一种情况也是非常常见的，那就是对沙屉的多种解释都是正确的。这个沙屉本身的意义就有双关或多关，所以虽然阅读者和摆放者看到的不同，但可能都是某个心理层面上的"真相"。

六、看沙屉中的力、能、势、局

看沙屉中的力、能、势、局是沙屉阅读的第六步。

力，通常指的是沙具与沙具之间的相互作用。有的是相互吸引；有的是一个力受另一个力吸引，而另一个对这个力无感甚至排斥；有的是相互排斥；有的是一个力会冲击另一个力，而另一个力则会防御这个力；等等。

屉沙所构建的地形也会带来一种力，且地形会偏转、阻碍、加强或减弱某个沙具的力。

如图 6-1 所示，在这一沙屉中，一大群食草动物的沙具聚在一起正享受草料，而在河的对岸，则有一只老虎正虎视眈眈地看着它们。摆放者说道："这令人感到有某种威慑力。"

图 6-1　沙屉中的力（1）

　　如图 6-2 所示，捂住面庞、转身跑开的"妈妈"，她似乎完全陷入心中的悲痛之中。而身后的"弃儿"，则吃力地苦苦追随，一心只想要重回妈妈的身边。在这里，在"弃孩子而去的妈妈"心里，"被抛弃的孩子"是排斥的力（斥力）。同时，在"弃儿"的心里，"妈妈"无疑充满了"吸引力"。

图 6-2　沙屉中的力（2）

　　能，指的是沙具或屉沙地形所发出或吸收的心理能量。

　　通常，不同沙具的能量会汇成能量流，能量流又会有其流向。

　　能量除了大小不同之外，也有品质的不同。有些能量是偏于积极的，有些是偏于消极的，积极能量会提升人的心理健康，而消极能量会诱发心理障碍。

　　不过，能量的品质是可以转化的。有些沙具的意象会具备一定程度的转化力。

　　如图 6-3 所示，这一沙屉会带给人"富于生命力"的感觉，是踊跃、欢快、丰盛以及带来满足感的心理能量。

图 6-3　沙屉中的能

　　势，指的是一种发展的趋向性。也就是说，一种势会让沙屉有可能向某种情况发展。当然，最后究竟会发展成什么样子，是受到很多因素共同影响的，未必一定符合这种势所指向的方向。但是，势的存在，必然会使得这种趋向更容易达成和实现。这就是所谓"大势所趋"。

　　如图 6-4 所示，在这一沙屉中，来访者呈现了这样的一幕：湖心小岛上有一座牢笼，其中囚禁着一个人，而在隔湖相望的对岸，动物、人们则相聚一堂，其乐融融。这个人感到无比孤独，他十分向往能够逃脱牢笼获得自由，去到对岸的人群当中。在这里，冲出围困、去往向往之地似乎是摆放者心中渴望已久的"趋势"。

图 6-4　沙屉中的势（1）

　　如图 6-5 所示，以"碉堡"和"水车"为分界线，两股心里的势力整装待发，随时会向对岸的一方发起猛攻。这也让我们看到，在摆放者心中，彼此冲突的两个部分之间那种极具张力的剑拔弩张之势。

图 6-5　沙屉中的势（2）

　　最重要也是最难被看清的是所谓局。局是整个沙屉中所有能、力和势的交互作用所共同构成的整个结构。局是整个沙屉灵魂的核心，一旦局确定了，那么这个沙屉的整体是什么样子也就都定了，沙屉上的各种改变可能都只会影响到局部和细节，而无关大局。

　　如图 6-6 所示，来访者在这一屉中呈现了一个"令人感到无比沮丧"的"残局"。其中有倒在地上的树木、雕像等，还有被打翻在地的餐桌以及桌上的食物。而在残局之上，无奈地看着这一切的"小狗"，代表了来访者自己。与其遥相对望的"医生"，则代表了心理咨询师。

图 6-6　沙屉中的局

　　力、能、势、局，哪个都不是一下子就能看清的，所以在这一步，阅读者能看到就看到，看不到也没有关系，理解多少算多少。

　　看过一层的力、能、势、局之后，就可以看另外一层的力、能、势、局。三层都看完后，沙屉阅读的第六步就算完成了。

七、各层沙屉之间的关系阅读

各层沙屉之间的关系阅读是沙屉阅读的第七步。

看了每个层次的力、能、势、局之后，就可以看各层之间的相互关系。

通常在这一步，我们会首先看上、下不同层中各个不同区域之间的关系。

比如，在上、下层之间，有没有对应的类似的区域？比如，如果两层都有生活区，那么两层中的生活区有什么相似和不同？如果两层中都有性的表达区，就可以比较一下两层中的性的表达有什么相似和不同。例如，所用的沙具有什么不同，两性之间关系的特点有什么不同。如果两个层级都有战斗区，也同样可以比较，看看战斗的参与者有什么相似和不同。

总之，阅读者要试着根据各个层次本身的意义，来分析、了解这种相似和不同所代表的意义。举例说明一下。

如果我们的沙屉是时间沙屉（也就是说，三层分别代表过去—现在—未来），而三层中都出现了性区域，那么，下层的性区域代表的就是过去的性心理，中层的性区域代表的就是性心理的现状，上层的性区域则作为未来期望的一个象征。

如果沙屉是人格层次沙屉，而三层中都出现了性区域，那么，下层的性区域就代表动物性的肉欲性本能，中层的性区域就是性心理的特点以及和性有密切关联的情感，而上层的性区域就代表升华了的性，如原型层面的爱情、创造性的诞生等。

同样都是性主题的沙屉，通过对时间沙屉各层之间的比较，我们就可以看到这个人的性的发展。而通过对人格层次沙屉各层之间的比较，我们就可以看到在各个层次中的性分别是什么样子的。

以上是对相同区域中不同层的阅读比较。在这一步阅读中更重要的是，我们要看各层之间的力、能、势和局的关系。这些是沙屉独有的，且最有价值的信息。

（一）不同层之间的力

比如，各层之间的力会体现在互相拖曳或排斥的作用中。假设有一个台球桌，上面有很多台球，一个球运动并撞击了其他球，就会引起一系列的撞击，并改变其他球的位置。这个过程其实是可以计算出来的。台球运动员就是通过观察和内心中想象的运算，预测球的运动，并以此为根据来决定自己怎样去撞击一个球。但是，假如每个

台球中都有一个铁芯，而在台球桌下面摆放着另一个盘，盘上放置了一些磁铁。台球运动员看不见下面这一层，也不知道哪里有磁铁。那么，台球运动员在击球之后，就不能预测到后面的结果了，因为下面的磁铁会对台球有作用力。

我们的沙屉就是这样的——在一层沙屉的下面或上面，还有另外一层甚至两层的作用力（如吸引力、排斥力等）。因此，仅仅看发生在一层沙屉上的"心理活动轨迹"是远远不够的，我们还要同时看到另外两层对这一层的影响力，才能对整个沙屉的故事及其走向有一个大致的把握。

如果我们的心足够沉静，并且很少受到情结的污染，或者哪怕我们有情结，但我们具有足够强而稳定的觉察力，那么我们只要观察并感受，就可以知道在不同层中会有哪些力在暗暗地作用着。

（二）不同层之间的能

一个沙屉在各层之间不仅仅有力在相互作用，各层之间的能量也会有进出。有时，下一层的能量会从某一个位置向上涌，进入上一层沙屉中的某一个区域中，受到下一层能量的影响，上一层沙屉中这个区域的能量就会增加，而上一层沙屉的总能量也会增加——这种情况被称为"涌升"。有时，上一层的能量会在某个位置沉陷下去，落到了下一层的某个位置。这样，上一层的沙屉的总能量就会有所下降，而下一层的总能量则会有所增加——这种情况被称为"沉陷"。

涌升的能量如果是积极的，对于上层来说就成了资源，如果是消极的，对于上层来说就成了威胁。在按照意识层次所摆放的沙屉中，下层的积极能量涌升到中层或上层，就叫作潜意识资源的涌现或升华，下层的消极能量涌升到中层或上层，就叫作潜意识威胁的涌出。荣格珍惜潜意识中的资源，所以重视资源的涌现。而他也看到了潜意识中的黑暗能量可以从"地下"喷发出来，给"地面"上的世界带来毁灭性的威胁。

不过有一点要说明，能量虽然可以有"积极"和"消极"的不同性质，但是这并不是固定的。例如，在某些条件下，能量从下层涌升到上层后，如果受到其他沙具的力、能的影响，也可以经过转化而改变原来的性质。所以，下层的消极能量完全有可能在中层或上层变成了珍贵的资源。就好比火山喷发可以象征着地下愤怒能量的涌升，本来是具有威胁性的消极能量，但是在一定条件下，它也可以转化为肥沃的火山灰，给地上的植物带来营养，还可能给这片大地带来宝石。反之，中层或上层内的一些积极的能量在沉陷到下层之后，也有可能在某些条件的作用下反而会变成消极的能量。

（三）不同层之间的势

除了力、能之外，在沙屉的不同层之间也会构成一种势。这种势比较难于分辨，而且即使我们分辨不清它们，也足以做出很好的沙屉心理治疗了，所以这里就不多讲了。最简单的情况是，上、下层之间的势，有时是上层趋近于下层，有时是下层趋近于上层，而最后某一层的状态会扩展为整个沙屉的状态。

（四）不同层之间的局

三层沙屉所构成的全"局"，是体现于每个层次和每个部分中的，处处都能表现出来的，表达出整体的总价值观和能量分布的一个核心结构。这可以说是沙屉所反映出来的来访者的自性。我们在看到三层的全"局"时，对来访者就有了真正的认识了。考虑到看到全局是一件很困难的事情，所以看不到全局也是没有关系的。

八、看模块和关系单元

看模块和关系单元是沙屉阅读的第八步。

当看完全局之后，我们对沙屉所反映出来的来访者的内心，可以说已经清楚了。这之后，我们可以带着这种理解再回到局部和细节去看，从而能够更清晰地了解到具体的表现。这个时候看局部与没有全局观的时候看局部，眼光是完全不同的。因为在这个时候，局部是整体中的局部，局部的意义是被整体所界定的，是整体意义的一部分，所以这时看局部就非常清晰、明确。

看局部，可以把整体的主题、意义、价值等都更加具体化地体现出来。在局部中，最值得去看的有模块和关系单元。

所谓模块，指的是由多个沙具构成的一个结构。我们可以把它看作几个沙具组成一个连接在一起的一个大沙具。它是由几个沙具构成的，但是它如同一个沙具一样，有它自己的象征意义。

一个模块中的几个沙具，不需要是同类的东西，其中可以有动物，可以有植物，也可以有矿物，它们构成一个整体。

我们找到沙屉中的模块，并明白其象征意义，对沙屉的了解就可以更加具体。

另外一个要注意的就是其中比较重要的关系单元。关系单元指互相有关系的沙具，如丈夫和妻子、父母和子女、战士和敌人、渔夫和鱼、农夫和牛等。这些关系单元

是某些具体内在关系的表达。通过这些关系单元，各种主题才有了具体的体现和展开。

九、最后的精读

对于每个具体的沙具，总的来说我们不会一个个地分别看，而是在前面的各个步骤中、在背景中去看它们的意义。

不过，这个要补充一点，如果有某个沙具给来访者或心理咨询师带来了格外强烈的触动，我们就可以随时对它进行更多的观察和分析。

有时一个沙具构成了整个沙屉的核心或枢纽，对这一个沙具有深入理解，就可以让整个沙屉的意义被彰显，这个时候我们就可以把注意力更多地放在这一个沙具上。

不能对每个沙具都这样做，这样会导致时间耗费量太大，使来访者和心理咨询师很疲惫，也会让双方都感到无聊。

如果有些沙具并不属于任何一个模块，在前面各个步骤中都没有得到足够注意，那么在最后的精读阶段我们还可以再看看，找到这些沙具，并理解它存在的意义。这样我们对整个沙屉的了解会更详细。

十、回到整体

看完所有的沙具之后，阅读者可以稍微后退一点，把注意力再一次放在整个沙屉上。

不需要把眼光聚焦到任何一个点，而只是看着整个沙屉。

因为心中对沙屉每层的情况有了大体的记忆，而且对它们的意义以及关系也都理解了，阅读者在这个时候再看整体会有一个完型的感受。或许会感受到一个情绪基调，一种整体的氛围，一个由内部各种张力和能量构成的感觉，会知道这是一个生命。无论是什么样的生命，哪怕是有心理障碍的，都是活生生的生命，有其独特的意志，有其独特的品质。看到这样的一个生命，我们会有一种感动，对这个生命会有一个整体的领悟。有了这个领悟之后，以后不论这个沙屉如何变化，或者不论这个沙屉的主人做了什么沙屉，我们都会懂得，因为沙屉就是一个人精神生命的外显。

第三节　沙屉阅读的其他方法

一、沙屉略读

上一节是对一个沙屉的充分阅读。

现实中，在做心理咨询时，我们未必总能精读沙屉，会有种种条件限制，如时间不够，所以我们不可能总是做到这样充分地精读一个沙屉。

略读并不是急匆匆地完成阅读的那些步骤，而是更有重点地去阅读，从而在更短时间内能够获得相对比较多的信息。略读也要从感受整体开始，我们可以安静地站在一定距离之外看一看这个沙屉，获得一个初步的印象，感受一下这个沙屉。然后再看中层的沙屉，整体感受一下，看看这层沙屉大体上有哪几个自然形成的区域。

然后看当下最触动来访者和心理咨询师的地方。在略读的时候，不需要把所有的力、能、势、局的关系都看一遍。由于具备理解力、能、势、局的能力，因此如果哪里有比较明显的力、能、势、局，我们也可以发现。同样，我们也不需要找出所有的模块，但是可以发现并分析其中重要的模块。

各层之间的关系是一定要看的，因为这是沙屉最有表达力的地方。但在略读的时候，如果没有时间去充分展开，可以只看一看下层或上层，并看一看它们作为一个整体对中层的影响。然后再看看那个明显和中层有关的模块，了解这个模块的影响是什么就可以了。

在略读中，不可能把沙屉所能展现的所有内容都展开去理解，所以可以把注意力放在某一个主题或某一个方面上。

究竟选择哪一个主题或哪一个方面，取决于来访者的需要。

因为来访者在做心理咨询的时候有他自己的需求。他最关心的是如何用心理咨询来回应自己的需求。心理咨询师在略读沙屉的时候，当然也应该把有限的时间精力放在来访者的需要上。

二、主题沙屉的阅读

对于一个来访者来说，做主题沙屉如同一个命题作文。主题沙屉所表达的心理内容，是被主题所限定的。因此一般来说，对主题沙屉的阅读理解会相对更容易一些。

我们在阅读主题沙屉的时候，一开始就要把这个主题放在心上。

我们从一开始看概况的时候就要让自己记得，我们所看的概况是某个主题上的概况。

例如，如果来访者所做的主题是人际交往，而且这个沙屉是他自己做的而不是和别人一起做的，那么我们就要记得，这个沙屉所反映出的应该是来访者的有关人际交往的人格部分，以及他在人际交往中所表现出的自我。

我们在看沙屉的时候，先要告诉自己，这个沙屉是来访者在面对别人时的内心感受。我们如果想要理解来访者，就可以想象自己是他，然后再感受一下整体的沙屉，找到心里产生的感觉，并且解读为：原来面对着别人是这样的感觉。而且我们可以感觉，在摆放这个沙屉的人的心目中，别人是什么样的。

真实的外部世界的人固然是各式各样的，但是对于来访者来说，他心目中的外部世界中的人却不会是各种各样的都有。通常每个人心目中的别人会有一种很基本的样子。对于一个自恋的人来说，他心目中的大多数人都是无能力、无价值的"小人物"；对于一个自怜的人来说，他心目中的别人几乎都是欺负他、利用他、伤害他的人；对于一个好斗的人来说，他心目中的别人都是战场上的敌手。我们可以根据来访者的沙屉，感觉到他心目中的别人，并且根据他心目中的别人是什么样子的，而知道他是什么样的人。

我们也可以换个视角感受一下，如果具有某种性格的我们和这个沙屉所代表的人在一起会有什么感觉？以及我们会怎样对待他？这样也有助于了解来访者的人生中的境遇。

沙屉中的不同区域，代表的只是这个人在人际交往中的不同侧面。

理解模块和沙具的象征意义时，也是在这个主题的范围内去理解。例如，在人际关系沙屉中，理解动物沙具的时候，就主要看这些动物在关系中的模式。猫可能就是一种独立自在。狗追求归属感、忠诚和排外。兔子表现为温柔、老实，但是如果需要的话就可以很有心计。狮子就是喜欢做老大，如果当上了老大，则需要让别人服从自己的权威，如果别人追随它，它就会愿意保护对方。

　　主题沙屉中的各层代表的是什么，也是我们理解沙具象征意义的参考。

　　在主题沙屉中，我们在看屉中的力、能、势、局的时候，也要从相应的主题方面去理解。

三、情境沙屉的阅读

　　情境沙屉，是指在来访者摆放沙具之前，沙屉上已经摆放了代表某种情境的一组沙具。来访者在现有情境的约束下，继续摆放自己的沙具。其形式比较类似于棋类游戏中的"残局"。

　　情境沙屉可以很好地展示出来访者对某种情境的应对。

　　我们在看情境沙屉时，先要知道这个沙屉所设置的情境是什么样的，已摆放的沙具象征着什么，这样的情境已有的局势是怎样的。这些信息是现成的，因为我们所用的情境设置是事先就确定了意义的。对来访者所摆放的沙具的意义解读，要在这样一个前提下进行。

　　对于来访者在情境沙屉中开始摆放的做法，我们可以看出他的基本应对策略。有的来访者在摆放第一个沙具时就单刀直入，直接应对情境，这是一种更直接的策略选择。有的来访者在摆放第一个沙具时是比较保守或迂回的，并不马上直接应对情境中的核心问题，这是一种更迂回的策略选择。随后摆放的沙具，则是对情境的进一步回应。

　　在情境沙屉中，因为局面往往是已经被设定的，所以来访者并不创造局，而是回应这个局。来访者的回应是不是让现有的局有所转变，是我们阅读的要点。有的回应并不改变整个局面，有的回应会使局面有所转变。不改变局面，有可能是来访者对现有的局面并不拒绝，也有可能是看不清局面或者无力改变局面。

　　如果心理咨询师判断来访者看不清不利的局面，可以稍微提醒一下。如果来访者听到提醒后恍然大悟，那么对来访者是有益的。如果心理咨询师判断来访者无力改变局面，也可以稍微给少许提示，从而起到一定的教育作用。

　　势的趋向在一定程度上是设定的，所以来访者所做的回应要么顺应现有的趋势，要么试图转化现有的趋势，也就是试图扭转形势。

　　同样，如果现有的趋势大体上是健康的，来访者接受现有的趋势，那么没有什么问题。如果现有的趋势有威胁性，来访者却看不清大势，心理咨询师可稍作提醒。如果来访者自己感觉到趋势不够好，但是无力改变这个势，那么心理咨询师也可以给少

许引导，扭转形势的方法或可用强力的方法来"力挽狂澜"，或可以用四两拨千斤的方法来"因势利导"。

至于具体的能量和相互作用力的分析阅读，只需要随时进行。每个沙具被摆放上沙屉，都会带有能量，也都会和沙屉上现有的沙具产生作用力。

第四节　伴随性阅读

伴随性阅读，是指在来访者摆放沙屉的过程中，心理咨询师伴随着来访者摆放的过程来阅读沙屉。

在心理咨询中，多数的沙屉阅读是伴随性阅读。

因为一开始并没有一个完成了的沙屉，所以伴随性阅读不能按照沙屉阅读的基本方法进行。不能以整体—局部—整体—局部这样的循环模式进行。

伴随性阅读的基本步骤如下。

一、看起手

起手指的是来访者在沙屉中的第一个行动。

有的来访者在做沙屉的时候，第一个动作是先动屉中的沙子，也有的来访者一上来就摆放沙具。先动屉中沙子的，有两种情况：一种是先试探性地触动沙子；另一种则是有方向性地移动沙子，如从中挖出一条"河流"或一片"湖泊"，或堆起来一座"小山"。

如果是试探性地触动沙子，那么这些动作本身不需要被分析，它可以没有意义或至少意义不明显。有的来访者可能会试探性地玩一小会儿沙子，甚至试探性地玩很长时间的沙子，但是并没有创造任何形态，只是感受沙子及其流动性。这都不用分析，也不用干预。通常，心理咨询师也不用催促来访者做下一步。因为这样无目的地玩沙，对于来访者来说也有一些好的意义。他会在玩沙的过程中逐步放松下来，从而让潜意识中的内容的浮现更容易。他会在玩沙子的过程中，对沙子更有感觉，有利于他运用沙子这种工具。这种没有创造形态地玩沙子，相当于几个月的婴儿最初发出的无意义的"咿咿呀呀"的声音，或者相当于稍大一点的幼儿用笔在纸上涂鸦，虽然没有表达意义，却已经有了感受——这是无形态的基本的生命存在感。这种感受对来访者的作用是积极的。

试探性地玩了一段时间之后，有些来访者就会开始做出有方向性的动作，并开始创造出形态来。有些来访者会直接进入这一步。这时来访者用屉沙创造出的第一个形态，就是起手的第一步。

心理咨询师不要忽视起手，因为起手是什么样子的，表达出了来访者心理的核心的特点。比如，起手就开辟了一条"河流"，把沙屉分为了两个部分的人，其心理结构更可能是二元的结构。起手在沙屉中间堆了"山"的人，或在中心挖了一个圆形"湖泊"的人，其心理结构通常更中心化。

如果来访者起手不是动沙，而是放了一个沙具，那么这个起手的沙具，通常会是很重要的。它的象征意义，可能是来访者的中心的象征。这个沙具被放在什么位置，也是一个要注意的事情，因为这也是有其意义的。通常，最初的一个沙具就可以最粗略地表达来访者的内心。当然，有的时候，第一个沙具是"打前阵的"，也就是说是个无关紧要的，这样的话第二个沙具才算是起手的沙具。至于具体到某个沙屉中第一个被摆放的是不是起手沙具，就需要心理咨询师凭经验和直觉来判断。判断不出来也无妨，可以继续看下去，根据后面放了什么沙具，心理咨询师就可以知道前面哪个是起手沙具了。对于起手沙具的象征意义，心理咨询师只需要有一个初步的判断，不要太"落实"了。我们可以先给出一些假设性的判断，然后用来访者后面所放的沙具来验证这个判断。心理咨询师也可以初步推测其发展方向，并在以后去验证。

这个时候，心理咨询师可以有各种推测性、假设性的判断，但是它们都不能被看作结论。心理咨询师的心态一定要开放，不能让先入之见影响到了后来的观察和判断。有先入之见的人容易牵强附和地用自己的成见去看，就可能会严重失真。反过来，心理咨询师也不能不形成任何尝试性的假设，如果没有假设，那么很可能会出现的问题是，心理咨询师对后来发生的事情看不到，从而成为一种"睁眼瞎"的状态。有些心理咨询师，受到了心理咨询界流行的一种错误思潮影响，可能会让自己什么也不要假设而保持无知。这种做法的结果是，对来访者不能共情理解，也没有领悟，对来访者起不到任何引导作用。这样的心理咨询师就比较失职了。

我们建议的"无知"并不是什么都不想、不推测，而是有假设、有推测，不自以为是，保持一种开放性，让未来事实上的发展来告诉我们来访者是什么样的。除此之

外，心理咨询师还需要保持一种"好奇"的心态，对未来会发展成什么样进行积极关注和探索。

二、看布局

在随机的摆放中，来访者的沙屉会逐渐呈现出一个形态。少数几个沙具就构成了一个草图。不论将来的沙屉多么复杂，其基本的要素也大多都可以在开始的几个沙具构成的初步的沙屉中出现。

在这个阶段的沙屉摆放中，区域的划分就逐渐显现出来了。

心理咨询师可以把早期由少数的沙具构成的某一层沙屉，就当作一个简单一点的沙屉来看，看它的主题、各个区域的意义、区域之间的关系等。

在这个时候去看沙屉可能比看最后完成的沙屉更容易看清局，因为这时没有那些更细节化的东西，也就少了很多对思维有干扰性的东西。就好比一棵大树在叶子都还没有长的时候，我们很容易看清其主干和主要分支的走向。而当这棵树枝繁叶茂的时候，我们再看其主干的走向就反而不那么容易了。

局看清之后，势就会表现为趋势。心理咨询师隐约会看到一些趋势浮现出来，未来的走向会有几个可能性。

在这个时候，心理咨询师是可以有一些影响力的。如果有两个趋势都有可能实现，而且其可能性看起来大小也差不多，那么心理咨询师就可以加一点点力，从而让均势向某个势更强的方向演变。

从让来访者自主的基本原则出发，心理咨询师不应施加太大的影响力。如果心理咨询师用强力推动来访者实现其中某个趋势，那么这对来访者的独立发展是不利的。但是，以建议的方式施加一点影响是可以的。只要来访者愿意接受，并且没有感到自己的独立性受到了破坏就好。

如果两个趋势在心理健康上差异不大，心理咨询师也不需要做什么，但如果在将来的心理健康上可能会有较大的差异，则心理咨询师可以在这个时期给一点推动。这一点点的推动，可能带来蝴蝶效应。

心理咨询师推动的方法有两种：一是建议去做什么；二是建议不要做什么。但不论用哪个方式，都不要着力太大，因为着力大了容易导致反弹。而力量很小的推动，则不大会遇到来访者有意识的逆反。个别时候，心理咨询师可以用故意给出和目标相反的建议的方法，利用来访者的逆反来获得好的结果。心理咨询师可以给出预言，如果这样做可能会带来什么后果。这样，当来访者摆放它，发现后果如心理咨询师所说的一样时，就可能会更愿意接受心理咨询师的建议。

摆放的过程会有一些"分叉点"。在这些分叉点上，一个新沙具的选择或所放的位置，就会让一个趋势显现，而让另一个趋势淡去。在这个时候，如果心理咨询师识别出来了，就可以给来访者一点点推动力。

当然，如果来访者不愿意接受心理咨询师的建议，心理咨询师是不需要强求的。毕竟沙屉并不完全是真实的人生，所以即使来访者犯了很大的错误，也是没有什么关系的。做了错误的选择，也是一个学习的机会。人生无法重来，但沙屉是可以重来的。沙屉上的失误，能让来访者获得一些经验，在现实中会减少一些犯错的概率。

心理咨询师可以随时观察能量的流动。在开局期，能量的流动也许不很清晰。

力的作用在这个阶段可以不作为重点，因为后面还会有很多力的加入，变化还有很多。这个时候的力是什么样子的，并没有多大的关系。

沙具的模块在这个时候往往还没有形成。沙具本身的象征意义也还没有放在关系中，因此心理咨询师只是初步地看一看就可以了。

三、看中盘

之后，就进入了所谓中盘。通常来访者摆放的速度会加快，之所以如此，是因为基本的选择都已经做出了，后面所摆的都是自然的延伸。

如果有模块，在这个时候模块就摆好了。如果有完型，完型也在这个阶段构成了。在这个阶段，能量的发送、吸收和流动也都可以被看清了。

沙具中的关系单元以及各个沙具之间的作用力，也都可以被看清。

在这个阶段，心理咨询师可以观察沙屉的发展，进而验证自己之前的推测。

在这个阶段，心理咨询师通常不再做建议性的干预，也就是说不试图去改变来访者的沙屉走势。这是因为在这个时候要改变来访者的沙屉走势将会很困难，且会遇到很大的阻力。在来访者已经做出了一些选择之后，如果心理咨询师试图扭转他的沙屉走势，就等于否定来访者的选择，而这种否定对于来访者的自由意志来说是不可以接受的。

因此心理咨询师就是以观察为主，看来访者的沙屉会成为什么样子。

心理咨询师可以在对话中稍许提醒一下来访者，让他看看现在为什么会成为这个样子。但是如果沙屉后来的走向不好，来访者心情不好的时候，这种提醒也会让来访

者感到不快，因为这听起来就好像在说："我早告诉过你，你那样选择的结果不会好。"为了避免这种不快，心理咨询师在提醒时要点到为止，态度要温和。在可能的情况下，提醒一下还是有好处的，它可以增加来访者对心理发展规律的认知，帮助来访者看清沙匣发展的因果就是人生的因果。

如果来访者后悔了，想要把前面摆的沙具移动地方，或者把已经放进去的拿走。通常我们是不允许的，已放的沙具不可移动和取消，这个基本设置在多数情况下是不可违反的。从象征意义上说，这就象征着我们不可能改变过去。在这个时候，心理咨询师可以告诉来访者说："虽然不能移动和拿走原来的沙具，但是你可以通过摆放新的沙具，对过去的沙具产生影响，从而让这个沙匣的整体向你想要的方向发展。"可以让来访者体会一下，新的沙具是如何影响到过去的沙具的。

有些来访者摆的沙匣比较简略，这个阶段的展开就很少，那也没有什么关系。

四、看收官

最后的阶段，被我们称为收官。在这个阶段，我们会看到来访者的摆放动作变慢了。他可能会看着沙匣，犹豫着是不是要放一个新的沙具上去。在放了一个沙具上去之后，又会看看，是不是可以停止继续摆放了。

在这个阶段所摆放的沙具表达的是具体的细节。

心理咨询师只需要观察就好，最多稍许询问一下来访者为什么要做这样的微调，这样调了之后会有什么样的感觉。

五、看其他层的沙匣

如果是一个来访者在做沙匣，那么来访者做到哪一层，心理咨询师就跟着看哪一层。

在每一层，心理咨询师阅读的方式，都如上面所述的步骤。

在咨访对话中，心理咨询师在做的过程中不会把所阅读到的内容告诉来访者。如果心理咨询师透露得太多，来访者做沙匣的自发性就会受到干扰。心理咨询师可以给出少许建议影响来访者，但这也不能多。如果不多，那么来访者会依旧觉得这个是"自己的沙匣"，他在深层心理结构或潜意识中依旧会认同这个沙匣，这个沙匣的形态就会成为来访者内心的真实形态。但如果心理咨询师的建议和影响稍许多了，且来访者在摆放的过程中，也听了心理咨询师的阅读报告，并随之改变了后续的摆放，这时所摆放的沙屉和来访者自己的现实差异就会比较大。这样，沙屉和来访者的内心真实就会"脱钩"，也就是说，沙屉虽然被摆出了更健康的样子，但是来访者在潜意识中并不认为这个是他自己的了，沙屉再好也没有任何意义。

心理咨询师很有可能一不小心就建议得过多，这往往是因为心理咨询师希望来访者尽快成长并走向健康。由于心理咨询师有能力读懂沙屉，也很容易看到来访者的心理问题及其带来的隐患，因此在看到之后就很可能想施加影响去改变。心理咨询师必须约束自己的这个欲望。心理咨询师更不要试图把来访者沙屉中的任何问题和隐患都消除，那就简直如同强迫型人格了。对于不是很严重的问题或不一定会出问题的隐患，应当尽量少做干扰、少提建议。如果心理咨询师不能判断出合适的分寸，那么不干预、不建议比说多了更好。

来访者不要希望在心理咨询师的帮助下，一下子摆出一个"好"的沙屉来，更不要试图摆出一个"没有错误和问题"的沙屉来。那样的话，心理咨询的功能就会丧失殆尽。如果来访者频繁地询问心理咨询师，心理咨询师应有所警觉，避免来访者产生依赖倾向。心理咨询师可以告诉来访者："尽管去摆，不要考虑对错。因为沙屉是一种探索，即使在探索中出现问题，也是对我们很有价值的事情。"

如果两个来访者分别摆放上层和下层沙屉，心理咨询师就同时去看两个沙屉摆放的进程，并进行伴随式阅读。

六、看各层之间的关系

对各层之间关系的阅读，还是看各层之间的呼应和互动影响。

因为先摆放的那层已经都摆好了，所以后摆放的一层会受到先摆放的那层的影响。

在看后摆放的那层的起手的时候，心理咨询师可以观察一下这个起手和先摆放的那层沙屉的整体是什么关系，可以根据沙屉的种类以及各层分别代表什么，来对此做一个分析。

心理咨询师可以对比后摆放的那层的局和先摆放的那层的局之间有什么相同与差异，相同代表着沿袭，而差异则代表发展变化。对两层之间的势也可以进行比较，从而可以知道两层之间将会逐渐靠近还是渐行渐远。

后摆的一层在进入中盘之后，就可以进行更具体的对比了。这个时候在两层沙屉

之间，能量也可以有交流，也会有互相之间的牵引拖曳的力。对比方式和前面讲的基本方式是一样的。

后摆的一层在收官的时候，对两层之间的关系也会有微细的调节作用。

在后摆的一层布局的阶段，心理咨询师同样可以通过建议、提醒的方式，对来访者施加少许的影响。

七、和来访者一起再看完成的沙屉

当来访者把各层沙屉都摆放完毕之后，心理咨询师可以和来访者一起看这个完成的沙屉，可以用看沙屉的基本方法去看，也可以用略读的方式去看。

对于心理咨询师来说，因为在来访者摆放沙屉的时候，心理咨询师已经在阅读了，所以这个时候看沙屉就是再次阅读。

因此心理咨询师可以在理解这个沙屉上少花费一些精力，而把注意力更多地放在来访者身上。心理咨询师可以重点考虑如何引导来访者看懂他自己的沙屉，如何让他获得启示，如何让他在这个过程中获得心理成长。

因为一个沙屉能承载的信息量是极大的，所以我们并不需要让来访者看到沙屉中所有的信息，只要来访者能获得一些有用的、有启发性的信息即可。

来访者可以在阅读自己沙屉的过程中宣泄情绪、自我觉察。

当来访者或宣泄了情绪或得到了自我觉察，感觉有所收获之后，来访者摆放和阅读沙屉的过程就算完成了。

第五节　对弈式阅读

对弈式阅读是指在心理咨询师参与摆放沙屉的情况下，心理咨询师对沙屉的阅读。

在咨访关系沙屉中，心理咨询师也是摆放的一方。这个时候，双方的摆放会互相影响。这种情况下的阅读和其他情况非常不同。

在来访者和心理咨询师各自摆放沙屉时，心理咨询师先不用太多去观察、阅读来访者的沙屉，避免受到来访者的影响，导致自己在摆放沙屉的时候，不能够很独立地表达出自己的心理状况。但来访者和心理咨询师在共同摆放中层沙屉的时候，就需要对弈式阅读了。

通常的设置是来访者先摆放一个沙具，然后心理咨询师摆放一个沙具。

当来访者起手摆放了第一个沙具后，心理咨询师在摆放自己的沙具前，可以快速略读一下，对来访者的心理状态和特质有一个简单、初步的感受。心理咨询师可以问自己："来访者在带着这样的心情来和心理咨询师互动时，先摆了这个沙具，是什么意思呢？"

第一个沙具有可能是试探，或者可能是防御。

心理咨询师的第一个回应通常要温和一些，不要急于打破防御，也不用急于改变来访者，可以表达一个接纳的态度。

之后，来访者会逐渐开始表达自己，心理咨询师也可以给予相应的回应。

这个过程就是一个用沙具完成的对话，和心理咨询中的咨访对话是一样的道理，只不过用的词汇不同。我们通常称这种对话为"手谈"。

在每一次来访者摆放了一个沙具后，心理咨询师都可以即时评估一下这个新的变化对局势和能量、力量场有什么影响，代表了来访者的什么心理模式，然后给予回应。通过回应，心理咨询师可以支持、补充、面质甚至反对。

对于来访者来说，心理咨询师每一次摆放了（或称"布下了"）一个沙具，都等于出现了一个稍许不同的新的情境，这也考验着来访者的新的回应。

在这样的对弈过程中，整个沙屉的局面形势和能量、力量场就都逐渐定型了。大家会发现，再布更多的沙具，所带来的改变也不多了，这时这个沙屉就基本上算摆放完毕了。

在这之后，心理咨询师和来访者可以先休息一下，然后用基本的阅读沙屉的方法来看一看这个双方共同完成的沙屉，讨论一下这里面反映出了什么，表达出了什么，又带来了什么样的影响。

以上是沙屉阅读的基本方法，针对各种不同的沙屉变式，在阅读中要注意的要点都有所不同，这里不能一一详述。总的来说，在文字阅读中遇到的所有问题，在沙屉阅读中都一样存在，多阅读沙屉永远是提高心理咨询师的阅读能力的方法之一。

理解沙屉的"层"

第一节 沙屉分"层"的意义

沙屉之所以分层，原因之一是人的心理也是分层的。马斯洛需要层次理论，就从某一个视角指出了一个人从低级到高级不同层次的需要，许多心理学家有这样一个共识——不仅人的心理需求是分层的，人的心理在不同层次的感受、行为习惯等也都不同。人的心理是很多层次中不同的心理结构结合在一起的产物。换句话说，人的心理的不同层次会有不同的自我认知和行动，人的心理并不是一个内在一致的整体。正因为一个人内心不同层次的需要和认知常常会彼此矛盾，他才会感受到自己有"心理冲突"。

然而，尽管心理各层次有不同的追求和行为反应偏好，但各层之间并不是截然割裂的。换句话说，对于一个人来说，他心中的各层之间既相对独立又互相关联。这是因为，当一个人受到他内心不同层心理动力的影响而形成了整体的人格，这个人所创作的沙屉也会显现出与之相应的特点。从这个角度上来说，一个沙屉作品其实就是一个人人格的外化物。

沙屉治疗之所以特别强调层次性，是因为一个人要成长，绝不是在一个心理层次上就能完成的。一般来说，越往下一层越重要，越往上一层越相对来说没那么重要。通常下层的力量是更大的，而上层力量是更弱的。

沙屉的一个优点就是它可以是分层的、立体的、完整的，呈现个体的复杂心理。我们看到的是一个人的外貌，却看不到他的内心——在这个人的心中，各层有各层的欲望，各层有各层的创伤，各层有各层的人生主题。所以对于沙屉的每一个层，我们都可以把它看作不同的人来对待。用意象对话疗法的术语来说，就是在每一层都活着不止一个"子人格"。

虽然各层的"子人格"都不一样，但我们还是会发现，这些不同的层之间也有共性的东西。对于一个人来说，他摆出的沙屉的各层都会不同，但在他的沙屉的每一层里都会有一个相对共同的主题。这个主题就是在他整个个体水平上的共同主题。

将沙屉的三层立体化，可以把看不见、摸不着的"心"分成不同层去看不同的"活法"。同时，通过沙屉的一些硬件设计，各层之间的互相影响可以直接被看到。

例如，沙屉上层的盘底是透明的。透明的盘底会起到什么效果呢？如果我们从上层的上空俯瞰，就可以同时看到两个盘——上盘和中盘。当我同时看见两个盘的时候，这两个盘的内容既可以看成分开的——因为我知道有些沙具是上盘的，有些沙具是中盘的——又可以看成套在一起的。甚至有些时候，如果角度合适，我们还可以从上盘上空向下俯瞰三个盘，这三层既可以被看作分开的三层，又可以被看作一个套在一起的盘。

当同时看到了上、下两（或三）个盘中的沙具的时候，我们就可以看到不同层中的沙具之间的关系。通过设计，给出沙屉这样一个可被观察和分析的内容，就增加了丰富性和整体性。我们在看各层不同的内容的同时，还可以看到它们共同的主线、共同的模式，以及彼此之间相互的影响。

第二节　沙具与沙具之间的作用力

除了上述层与层之间的作用力，沙具与沙具之间也会有互相的作用力。

在同一层，不同沙具与沙具之间，会有相互吸引力、排斥力、阻力等各种作用力；不同层的沙具之间也有相互的作用力。

精神分析发现，我们的行为会受到潜意识层心理动力的影响，在沙屉中常常表现为下层的沙具对上层的沙具所产生的某种拖曳的力量。

在沙屉中最为常见的作用力，可能是沙具之间的相互吸引力或相互排斥力。

有些沙具与沙具之间的相互作用力会比较大，有些比较小。如果很小的话，我们就可以近似地看作互相之间没有作用力。

在实操中我们观察到，有相似性的沙具之间有可能会有相互吸引的力量。另外，相互能满足对方欲望的沙具也会带来对彼此的吸引力。如果相互吸引的沙具不在同一层，那么，这种吸引力往往会带来一种趋势，或者让上层沙具向着下层沙具的方向移动（水平移动），或者是下层沙具向着上层沙具的方向移动，或者是双方都移动。也就是说，未来的趋向就是两个沙具之间的距离会缩短。

互相之间有利益冲突的沙具或者互相厌恶的沙具之间，可能产生相互排斥的力量。这种排斥力带来的趋势就是相互之间越来越远离，或者上层的移动离开，或者下

层的移动离开，或者是双方都移动并远离彼此。

在两个互相吸引或互相排斥的沙具之间，究竟哪个会移动，哪个不会移动，受到诸多因素的影响。

第一种常见的情况是某个沙具受到另一层中的沙具的影响，本来应该朝向某个方向移动，但它却在同一层的结构中，受到同一层的其他沙具的力量约束，所以最终就没有办法移动了，但是它对另一层中的沙具的吸引力或排斥力还在，这样另一层中的沙具就趋向于单方移动。而移动之后，又会对原来的相关沙具产生新的影响。蝴蝶效应就是这样发生的。

第二种常见的情况是两层中的两个沙具之间一个受到另一个吸引，而吸引它的那个沙具，却对这个沙具没感觉甚至排斥。这就形成一种"单相思"形态的力的关系。例如，上层的一个老太太对中层的一只流浪猫很有好感，但流浪猫却自得其乐，对老太太根本置若罔闻。

第三种常见的情况是以上两种情况的结合。例如，中层的左边有一个小孩，中央有一只老虎，而下层的中央有小孩喜欢的玩具布偶。在这种情况下，中层的小孩受到下层玩具布偶的吸引，想要向中央移动，但是因害怕老虎而只能停留在原地。虽然小孩没有向玩具布偶的方向移动，但是玩具布偶对小孩产生的吸引力并没有减少，甚至有所增加。与此同时，小孩对"拦路虎"的排斥力也更加强烈了。

总之，在实际的沙屉工作中，因为每一层都不止有一个沙具，每个沙具不止与另一层的某一个沙具有吸引力或排斥力。所以，总体上说，两层沙屉中的沙具之间的相互作用力是很复杂的。不过，虽然从理论上说很复杂，但在实操中我们并不需要计算所有沙具之间的相互作用力。我们只需要关注受到作用力比较大的少数沙具就可以了。如果想进一步知道它最后受到的另一层的作用力大体上是什么大小和方向的，只要把它受到的另一层对它影响大的那几个沙具的作用力，根据方向和大小，像物理学中计算力的矢量图那样计算一下就大致可以了。

当然，这跟物理学很相似但并不一样。毕竟物理学完全与自由意志无关，但是在沙屉中自由意志可以有一定影响。在上、下层的两个沙具互相吸引的时候，上层的沙具向下层的沙具移动，或下层的沙具向上层的沙具移动，这两种情况都是可以的。但自由意志在一定程度上可以选择在这两种情况中去实现哪一种。

例如，有一个受到俄狄浦斯情结困扰的来访者，当他内心本我的性冲动（用下层的某个沙具做代表）吸引主体（用中层的沙具做代表）向某个方向移动时，超我（用上层的另一个沙具做代表）却排斥它走向这个方向，那么，处在中层的这个沙具，就会感受到两个方向相反的力量对它的撕扯，这就会给他带来心理冲突。如何减小这个心理冲突呢？这时候，来访者可以有两个选择：一是他可以把上层代表超我的沙具移动到远离它目前所在的位置，从而减小超我的影响，这样中层的沙具就会自然地趋向下层性冲突所指向的方向；二是他可以把下层的代表性冲动的沙具移动得远一点，这样性的驱力就会有所减弱。对于缓解焦虑来说，这两种都是有效的，来访者的自由意志在这里有选择权。

第三节　各层中的心理能量流及其关系

不同的沙具实际上是不同的心理内容的象征物。沙具蕴含着的是各种不同的心理，可以是欲望、情绪，可以是一种行为模式、一种观念，还可以是以上所有心理的总和。这些心理内容都包含着心理能量。

这些带着心理能量的沙具被摆到沙屉上之后，就会通过沙具之间的相互作用力，使得沙具所携带的心理能量在沙屉上流动起来。这就是沙屉中的心理能量流。

在一个沙屉中，心里能量流可以在同层中流动，也可以在不同层之间流动。

比如，在一个沙屉的某一层中，有一个沙具是个孩子，他后面如果有一个像是支持者、保护者这样的一个成年人，那么通常这两个沙具之间会有吸引力，使他们之间的距离比较近。而站在孩子后边的那个成年人，作为保护者，就在源源不断地把某种有积极品质的能量输送给孩子，这就是一种积极心理能量的流动。

通常来讲，一个沙具面向哪里，面向哪个沙具，它就在向哪里发送能量；带着爱意的眼光朝向谁，就是在发送爱的能量给对方，对方就得到爱；带着敌意的眼光朝向谁，它的攻击性就针对谁。如果两个沙具之间在互相发送攻击性能量，那么能量会在它们之间相撞，能量小的一方就会因受到对方的伤害而后退或倒塌。

在实操中，一个沙屉中的能量流往往会形成各种复杂的模式。

有的时候，可能 A 把支持性的能量给了 B，而 B 却把所获得的支持性的能量给了C。这样的情况叫作“水泵效应”。

除了心理能量流中的量变以及量变带来的质变以外，沙具的心理能量性质也可以直接在互动中发生转变。例如，一个骗子的形象的沙具把别的沙具给他的爱接收下

来，转换成一种不健康的心理能量。但也有一些相反的情况是，某个沙具会把一些比较消极的能量变成一个更积极的能量。比如，一个心疼辛劳的妈妈的孩子形象的沙具会把妈妈对她的消极的心理能量，转化为一种对弱者的悲悯心。无论在上述哪种情况下，这些沙具都是转化器。在转化器中，原来的心理能量是可以转化性质的，但是它的量是不变的。这就是心理层面的能量守恒定律。

需要特别注意的是，有些时候，如果我们单看某一层沙屉，也许就会发现能量是不守恒的。但这并不违反能量守恒定律，是因为有些心理能量会在不同层之间流动。有时候，心理能量可能会从上面的一层漏下去变成了下面的一层的能量；有时候相反，下面那一层能量有可能涌上去变成上面那一层的能量。当然，通常同层之间的能量流动更容易，跨层之间的能量流动更难。

升华作用，往往是下一层的能量传到了上一层。而上一层的能量流到下一层，通常则是一种压抑或者退行作用，让高层的能量变成一种更原始的能量。

不过，在实践中我们观察到，不同性质的能量之间似乎有量上的转化规律存在。换句话说，这就好比不同国家的货币一样，有一个大致稳定的兑换汇率。

第四节　沙屉中的"势"

势，指的是某个事物所蕴含的一种整体的趋向性和潜在的形式。在沙屉中，每一层有这一层总体的势，整个沙屉（在一次沙屉工作中完成的一个由三层构成的整体）有总体上的大势。这种势在比赛中常常会体现出来，进攻者有一种攻势，防守者有一种守势。这并不是说有进攻之势的一方就只攻不守，而是总体上它的势是攻势。我们说，在水土流失之下，这片地方有荒漠化之势，指的也是这种势。

常言道"大势所趋"，也就是说势对于全局的发展来说，具有一种巨大的导向与推动的力量。在生活中如此，在沙屉中也是如此。因此，对于一个合格的沙屉咨询师来说，如何把握一个沙屉的势是必要的职业基本功。

怎样培养看势的能力呢？

首先，要学会看整体，不要受到细节的干扰。当我们面对一个已经完成了的沙屉时，如果盯着沙具看，是看不到势的。我们必须看至少某一层的整体（沙具与屉沙共同构成的那个完形），才有可能看到这一层的势。如果要看整个沙屉的势，就要把三层都作为同一个整体来看。

其次，要直接地感受，直到最后某种关于整体性的直觉自发地凸显出来。在看势的过程中，思维功能是无能为力的，通常只会干扰我们的感受力，把我们的注意力引向某些狭窄的局部，带来片面因果关系的错觉。

对于初学者来说，如果没有足够的天赋支撑，想要一下子做到以上两个要点是很困难的。如果一下做不到也没关系，我们可以先借助一些方法来进行"预热"。例如，在看沙屉之前，我们先闭上眼睛，放松身心，在杂念比较少的基础上，预先提出几个问题：这个沙屉整体上会有一种什么样的趋势？它可能会朝好的方向发展，还是朝坏的方向发展？

睁开眼睛，用几秒钟看整个沙屉（或看某一层沙屉），再迅速闭上眼睛，从整体上去回味和感受它。睁开眼睛，再一次用几秒钟看整个沙屉（或看某一层沙屉），再迅速闭上眼睛，从整体上去回味和感受它。如此循环往复，直到某一刻我们心中有一种整体性的直觉冒出来。

经过一段时间的练习，我们的直觉会越来越敏锐。看势也会变得越来越轻松、自然。

还有一种看势的方法适用于来访者在心理咨询师全程陪伴或参与下完成的沙屉。这种方法的要点是，心理咨询师把注意力放在当下的每一刻，在慢慢感受来访者摆放沙屉的每一个动作的过程中，会有一种本能的总体感受浮现出来——既包括对某一层的，也包括对沙屉整体的。例如，在整个沙屉即将完成的时候，心理咨询师会感受到整个沙屉好像有些"错位"或"不对劲"的感觉。这些感受会在心理咨询师内心中引发一种莫名的直觉，关于这个沙屉未来将会怎样摆放的发展趋势，心理咨询师似乎形成了某种强烈而确信的预感。而某些时候，这些预感将会在随后的沙屉工作中得到验证。

第五节　沙屉中的"局"

局，指的是沙屉中由沙具和屉沙等要素构成的一个整体的结构。这个结构就像是一个人所处的一种环境，这种环境会给这个人带来一种整体的、有利或不利的影响。

例如，一个开车的人，如果正处在一个很陡的下坡山路上，他一不小心就会出事故——这样的地势对于这个司机来说就是一个危局。

稍有生活经历的人都会同意，一个人所处的局对这个人后来的发展会有一种深远的影响力。这种整体的影响力，一般来说很难凭某个人的一己之力完全扭转。

虽然理论上一切皆有可能，但可能性的大小也是很不一样的。毋庸置疑的是，一个大局必然会影响大势，而大势所趋又会影响能和力的变化。所以我们看一个人的未来是怎样的，只需要看他的沙屉就可以获得相当充分的信息——因为从沙屉中你可以看出他所处的大局。

在意象对话心理学理论中，我们常常会说到命运脚本。人的命运脚本体现于局。因为命运脚本就是一个人最初的局面。就好比下围棋，最重要的是你刚开始的十几个棋子投在哪里，这会形成这盘棋的基本的局。

关于沙屉的局，还有一个重要的概念是"变局"。

这里有一个重要的理念就是，一个局虽然带有一种天然的大势，但它并不是固定不变的。局的变化就叫作变局。比如，一个来访者在做了一段时间的沙屉之后，随着他的内心发生转化，他沙屉中的局就会有所变化，这是变局的显现。

但是，即使我们一辈子都不做沙屉，也不主动改变自己，我们人生的局也是在变。世上没有一个永恒不变的局。

需要指出的是，并非只有在时间的长河中变局才能出现。即便不经过很长时间，人生也会有许多自然到来的变局。例如，一个舞者如果处在舞台的中央，那么她就比其他舞者更容易获得关注，如果她跳得好就更容易成功，如果她跳得不好就更容易受到诟病。这对于她来说就是一个双难的局面，这个局就是一个潜在的变局。

沙屉初学者往往有一个幻想：既然知道什么局是好局，那么我们只要把来访者的沙屉的局调成一个健康局，是不是就容易大功告成了？实际上并不是这样的。因为局会变，为什么局会变呢？很简单，因为人的心会变。

为什么心会变？这是因为新的环境变化了，各种条件就变化了，我们的心也随之变化了。那么我不变心行不行？不可能。不是说不行，而是说不可能，因为我们做不到。我们的心变了，欲望就变，欲望变了，能量就变。能量变了，局就已经变了，原来的好局就不再是好局了。一件事情的发生是福还是祸，总是随着条件的改变而转化的。

正因为人的心在变，人的欲望在变，人的行动在变，能量场在变，关系在变，力在变。所以沙屉没有一个绝对好的局面，也没有完成的那一次，人生没有完成，沙屉从根本上说永远都是未完成的。

因此，在沙屉心理咨询的过程中，心理咨询师并不强求来访者去达到某一个表面上的目标，却非常强调全局观。要是没有全局观，可能会在做了很多事后，却对这个人的心理健康和人格完善没有真实的作用。要懂得怎样去看清局势，才能知道怎样四两拨千斤地去化解不利的局，把能量不对的地方缓缓地引导过来。这些都是中国道家老子、庄子思想的传承，沙屉用好了就可以做到。

塞翁失马，焉知非福，事情是好是坏，永远不是表面看到的那样子。塞翁的马丢了，塞翁说"焉知非福"，过两天他家的马带了一匹马回来，别人都很高兴，塞翁说"这也不一定就不是祸"。结果他的儿子骑那匹马，把腿摔折了。别人说"真倒霉"，但塞翁说"这也说不定是福"。结果国家征兵拉壮丁，他的儿子的腿骨折了，就免除了兵役……究竟这些事是福是祸呢？不能僵化地定义说这是好的，或者那是坏的。塞翁的儿子摔伤了腿，为什么能转祸为福？是因为大局变了。即使塞翁家的大局没有变，但是两个国家之间战争的局变了，塞翁家的局也就必然随之改变了，福祸也改变了。

道家懂得大局，道家的这些思想对兵家、法家都有影响。我们想成为一个优秀的沙屉心理咨询师，可以看看道家、兵家的书，即使不用很深入地研究，也会得到一些启发。

第八章

沙匣技术中的设置

第一节　沙屉活动室及其布置

对沙屉活动所在的房间，并没有很严苛的要求。

首先，需要一个基本安静的地方。周围环境不能很吵。比如，不能在游戏厅、练歌房这类地方的附近，也不能在其他有较大噪声的地方。但日常生活中的一般噪声，如窗外的汽车或邻居的说话声传进来，这都没有什么关系。

其次，对外部采光的要求不高。实际上我们在做沙屉的时候常常会用内部的灯光照明。但如果可以选择，建议还是要选择采光较好的房子，配置上有遮光能力的窗帘。当没有来访者来做沙屉的时候，心理咨询师可以打开窗帘让阳光照进来，净化室内空气。

最后，如果有选择，也可以优先选择可直接开窗通风的房间，而不是那种全封闭的靠通风系统通风的房间，如一些写字楼或酒店的房间。在来访者做完沙屉之后，我们可以开窗通风。

沙屉活动室如果同时也做心理咨询室的话，放置沙屉的区域和心理咨询师、来访者的座椅所在的区域之间可以设置一个帘子，需要的时候拉起来。但是，也可以不拉起来，让来访者在做心理咨询的时候能看到沙屉和沙具架反而可能更好。

沙屉活动室只用于做沙屉，而不用做其他心理咨询，也是可以的。

一般在心理咨询中心，有一个沙屉活动室就可以了，在一个沙屉活动室中放一个沙屉架也就可以了。房间比较小的话，放两个沙屉架会感觉太挤。通常来说，沙屉活动室能稍微空一点更好。

如果是学校、医院或有一定规模的心理咨询中心，可以在较大的房间内放置不止一个沙屉架。这可以用于给团体做沙屉活动。不过在不同的沙屉架之间要有帘子，在必要时能隔断，或者用屏风分隔。

沙屉活动室的灯光最好能有四组。第一组是比较暗的带一点蓝色（不能太蓝，否则会感觉吓人）的灯光；第二组是比较暗的带一点黄色的灯光；第三组是正常亮度的黄色灯光；第四组是正常亮度的白色灯光。在个别活动室中也可以安装上其他颜色的灯，以备不时之需。

由于已经有了很多的意象资源，沙屉活动室的墙面反而不需要有太引人注目的画或者照片，以避免形成有明显心理倾向的氛围。如果一定要放置画，放一些比较单纯的风景画即可。

在沙屉架旁边，有来访者在做沙屉的时候可以坐的椅子。这些椅子可以有三种高度：第一种是很低的椅子，可以让来访者在摆下层沙屉时坐；第二种是普通高度的椅子，可以让来访者在摆中层沙屉时坐；第三种是高脚椅子，可以让来访者在摆上层沙屉时坐。椅子尽量轻便，但又稳定安全。普通高度的椅子可以备更多，以便于家庭成员坐下来旁观来访者做沙屉。如果有的来访者喜欢站着或者在四周走动着摆放沙具，就把椅子撤掉。总之，以来访者身心的舒适、放松为中心。

另外，在沙屉活动室中要放有舒服的沙发，方便来访者在摆沙屉的间隙休息。因为沙屉活动的时间可能会比较长，所以这个舒服的沙发会很有心理缓冲的作用。

可以准备纸巾、饮用水等用品。

允许在沙屉活动室内安放音响设备，也允许来访者在摆放沙屉的时候放音乐。音响设备以简单、不占地方为好。

沙具架通常靠墙放一排。

在每个沙屉架旁边，要有地方能放得下被拆开的上层或中层沙屉。

在沙屉活动室中，准备可用的水桶，里面有水，可以让有需要的来访者使用。因为有些来访者喜欢加水，用沙子塑造形状。如果方便的话，沙屉室可以有水龙头，以及水池。水池可以用来清洗水晶砂或者沙具。

在沙屉活动室中，也要有备用的沙子，供来访者添加到他的沙屉中。还有备用的水晶砂或其他矿砂，需要的时候，也可以准备小米、豆子等。

在沙屉活动室中还可以准备少量的橡皮泥，供来访者偶尔用于自制简单的沙具；可以准备纸和笔，供有些来访者偶尔记一点东西用；可以准备少许的绘画工具；可以放少许的布娃娃等玩具。

沙屉活动室应安装空调。

沙屉活动室应有可以看时间的钟表。钟表可以挂在墙上，也可以放在桌子上，总之要放在便于看见的地方。

沙屉活动室还可以安装投影仪，甚至可以安装三部投影仪以及一个屏幕（或投影在白墙上），三个投影仪应投影到同一个屏幕上。

如果沙屉活动室足够大，甚至可以在一个安全的地方放置一个电饭锅，用来加热沙子、谷物或者盐。这样，有些来访者可以用温暖的沙子或者热盐做屉沙。不过，考

虑到这样会带来一些不安全性，所以我们建议一般的沙屉活动室不要配备加热设备。

以上所说的这些东西并不是都必须准备，有些东西没有也没关系。

当然，沙屉活动室最核心的装备就是沙屉架和附件。

沙屉架是一个三层的架子，每层有一个沙屉，尺寸都是按照沙屉疗法中统一的规格设置的。

下层和中层配有沙子，上层有水晶砂或白沙等物，还有配套的小铲子和扫帚。

沙屉中有用于定位的激光笔和标志。

另外，沙屉上有固定的位置用来安装拍照用的手机或相机，以便来访者观察和拍照留存。

第二节　时间设置

做一次沙屉所需的时间，比一般心理咨询所需的时间要多。

最简单的一次单人沙屉的总时间最少可以在 1.5 小时。这个时间包括在沙屉活动开始前心理咨询师做一个简单的介绍，以及在来访者做完沙屉后心理咨询师做最简要的回应。在多次做沙屉的疗程内，中间的一些疗程也可以安排心理咨询师做最简单的回应。

但是，我们鼓励更长时间的安排。比如，在做了 1.5 小时的沙屉之后，再安排一个 50 分钟的心理咨询，心理咨询师和来访者就所做的沙屉去交流，来访者可以说说自己的感想，心理咨询师也可以做一些解读、分析和引申，从而把心理咨询的效果更好更多地发挥出来。

如果是双人、家庭或团体沙屉，总时间可以在 3 小时以上。之后，心理咨询师还可以和他们进行相关的交流，所以总时间可以在 5～6 小时。

因为所耗费的时间很长，来访者和心理咨询师都可能会疲劳，所以在做沙屉以及之后的交流过程中，需要安排休息时间。整个沙屉心理咨询可能会占用半天甚至一天的工作时间。

从心理咨询的通常设置来看，做一次沙屉的时间太长。这会让人担心来访者和心理咨询师是不是能够坚持这么长时间，他们能不能在这样长的时间内保持足够的专注和觉察力。但实际上这个时间是可以的。原因是，沙屉是一种原始认知活动，人在原始认知层面所能持续的时间，会多于使用逻辑思维的时间。做沙屉的人可以用一个游戏的心态来做，是不容易感到疲劳的。心理咨询师也不需要一直保持高度的专注，更何况中间还可以休息。

如果来访者和心理咨询师觉得时间长了太累，也可以把每次所用的时间减少。比如，用 1.5 小时做沙屉，然后保留这个沙屉的纪录。到第二天来咨询的时候，还原这个沙屉并去做心理咨询。

在有些心理服务中心内，沙屉只是用来让大家随便玩的，就如同公共场合的运动器械一样。沙屉摆放者在做沙屉的时候不需要心理工作者陪伴，也不需要他们去解说和分析。这种沙屉的使用，就没有明确的时间设置规定了。只要心理服务中心开着门，沙屉使用者可以尽管去用。需要注意的是，这种自由玩耍的沙屉游戏，需要对沙具有所限制。例如，那些明显象征着创伤、死亡等主题的沙具就不要放在沙屉游戏室中，以免沙屉摆放者在游戏的过程中无意识地打开了一个心理创伤而无法得到及时的心理干预。

第三节　其他设置

沙具通常都不可以被带出沙屉活动室。

来访者可以使用自带的沙具，并在此次沙屉工作结束后带走自己的沙具。

对于来访者自制的沙具，在心理咨询结束后，来访者可以自己带走（可支付所需材料费用），如果来访者愿意赠送给心理咨询中心，经心理咨询师评估同意后，可以把此沙具列入正式使用的沙具中。通常心理咨询中心不购买来访者自制的沙具。

如果来访者制造的沙具过于贵重，心理咨询中心按照伦理规范是不可以接受的（假设来访者用宝石制作了一个沙具）。如果实在觉得有必要接受，可以酌情支付来访者贵重材料的费用。

建议大多数沙具都应该很便宜，用几元或十几元钱可以购买得到的为好。如果有个别沙具很稀有或贵重，在沙屉活动室内还需要有一个能上锁的箱子或柜子，将使用之后的贵重沙具放到这个箱子或柜子里保存。

　　一个来访者在做完沙屉后，通常要把所做的沙屉恢复为初始状态，将沙具放回沙具架上，摊平沙子即可。这个恢复过程可以由来访者完成，也可以由心理咨询师完成。

　　如果来访者当天或第二天还需要继续做沙屉，或心理咨询师需要解读沙屉，也可以短时间保留沙屉。不过，如果来访者不愿意被其他人看到，心理咨询师需要通过锁门或遮盖的方式，让沙屉不被其他无关人员看到。

　　对于沙屉的纪录材料，如果是来访者自己做的单人沙屉，可以允许来访者自行记录和持有。如果是多人共同完成的沙屉，则需要所有参与者都同意，才可以让参与者记录和持有。但心理咨询室可以在一定时间内保存记录，来访者可以来心理咨询中心免费查阅。

第九章

屉沙

在沙屉技术中，屉沙可以是很多种不同的材料，可以是沙子，也可以是水，还可以是谷物、矿物，以及用灯和有色透明玻璃纸所映出的光与影。

第一节　屉沙的功能

屉沙的功能，是作为心理背景而存在的。什么叫作心理背景呢？

所有在心理世界中产生的观念或者念头、所有的感觉、所有的情绪和欲求，都是心理世界中发生的事件或内容。这些事件和内容或出现，或消失，或多，或少，都是发生在一个背景中的。通常心理学家会默认这个背景是没有具体内容的。如果我们用物理学来比喻，背景就是所有物体运动所在的空间。

心理背景虽然没有具体内容，但并非"什么都没有"。实际上，心理背景以某种心理氛围的方式存在着，并对人的具体心理活动产生一种广泛的、潜移默化的影响。

这种作为某种"整体氛围"而存在着的心理背景，可以非常不同。例如，当我们对比两个沙屉作品：一个是有着抑郁心境的沙屉摆放者摆出的沙屉，另一个是正在受到强迫症状困扰的沙屉摆放者摆出的沙屉。我们就会感受到这两个沙屉所弥漫的氛围完全不同：有着抑郁心境的沙屉摆放者摆出的沙屉，它的基本氛围是阴沉、灰暗而缺乏生机的；而正受到强迫症状困扰的沙屉摆放者摆出的沙屉，它的基本氛围则显得很对立，一方面秩序井然、黑白分明，而另一方面却仿佛危机四伏，令人不敢越雷池一步。

在意象对话心理学中，有一个建立在心理咨询经验基础上的理论，认为儿童早期所处的环境对儿童有一种心理印刻的作用。也就是说，虽然儿童不能理解，但他的早期生活会给他烙上深深的潜意识印记，这些印刻的后果会成为儿童以后生活的心理背景。成年后，不管这个人在想什么、做什么，有什么情绪活动，心理背景都会在这一切具体情境之中不变地存在着，从而给这个人的人生带来一种基本的氛围或者基调。这就好像在现实生活中，我们遇到一些人，无论他们做什么或者正处于什么样的情绪中，我们都可以本能地感受到他们各自独特的人格底层的总体个人气息。

如果我们把所有的心理活动、所有的意念和情绪，都看作写的字或者画的图像，那么这些字和图像并不是写或画在白纸上的，而是写在有颜色的纸上或者有"底纹或纹样"的纸张上的。纸的颜色或者纸上的底纹和纹样，就是所谓心理背景。写在"粉红色、有小花朵的暗纹"的纸上的字，可以是情书也可以是商业合同，但是不论写什么都会带有一点温暖、浪漫气氛。写在"蓝色、有骷髅纹样"的纸上的字，也可以是情书或者宣战信，但是不管写了什么，都带有一点冷酷气氛。

我们虽然会比较容易感受到他人的心理背景，但是对于自己的心理背景却未必能自知，这就好比一条鱼在水里生活，它能够注意到凶恶的鲇鱼，能够注意到美味的水草，也能够看到小蜻蜓和小虾米，但是它可能从来没有看到过水。水质如果差了一点，鱼也未必能看出有什么不同，它看到的还是一样的鲇鱼、水草和小蜻蜓、小虾米。但心理背景的作用却实实在在是存在的。

在沙屉技术中，我们用不同的屉沙就可以把不同心理背景的作用反映出来。我们可以想象一下，如果在沙具摆放完全相同的情况下，用普通的沙子做屉沙，还是用金灿灿的新鲜小米做屉沙，或者用晶莹剔透的紫水晶碎做屉沙，我们对整个沙屉的基本感觉会有什么不同。

如果我们把屉沙看作象征的话，屉沙象征的是中国人所说的"气"。不同性质的屉沙象征的就是人的"气"的不同品质。

第二节　各种不同种类的屉沙

下面我们介绍几种常用的屉沙及其常见的象征意义。

第一，普通黄沙。普通黄沙象征的是人在一般状态下的气或心理背景。它的黄色如同黄土的颜色。黄沙多，代表基本的气比较厚重；黄沙少，则代表气稍许欠缺。普通黄沙也可以堆积成为不同的形状，代表着人的心理背景也有变化。沙堆象征心理能量涌现的区域，更接近意识或人格表层，而凹下去的区域（特别是在露出沙层下的蓝色底面时）则象征接近潜意识或人格底层。黄沙在三层沙屉中都可使用。

第二，白沙。白沙象征的是更纯净或者追求纯净感的人，心理背景可能会更加单纯。这种人的欲望相对比较少，优点是比较容易形成善良的性格，缺点是可能比较没有进取心。另一种情况就是，有些人并不单纯，与普通人相比被"污染"了，但是为了"洗白自己"，他们反而更喜欢用白沙。白沙在三层沙屉中都可以使用。

第三，水。水可以在各层沙屉中使用，象征着滋养、智慧等。通常在上层沙屉中使用水的情况会更多。中层和下层沙屉露出的蓝色底面可以作为水的象征，所以通常不需要直接使用水。而且从技术上说，中层和下层是木制的沙屉，用水对沙屉会有一定的损害的风险。

第四，水晶沙。总体来说，使用水晶沙的沙屉摆放者通常都更具有精神化和审美的倾向，因此他们往往会显得比一般人更敏感、更深刻和富有灵气。他们对水晶沙颜色的偏好不同，又往往体现出不同的个人气息。

白水晶沙：很小的白色水晶颗粒形成的沙，比白沙更加纯净、透彻，象征着纯净无污染的心理背景。通常水晶沙仅限于在上层沙屉中使用，而不建议在中层和下层沙屉中使用。因为在现实世界中，没有哪个儿童能印刻出天生纯净无污染的心理背景。如果普通人在中层沙屉中使用白水晶沙，会有幻想和自欺的倾向，如果在下层沙屉中使用白水晶沙，会抑制人的真实自我和本能，反而有一定危险。在上层沙屉中可以使用，因为上层沙屉可以作为"追求"的象征。

黄水晶沙：如同阳光遍洒，会让心理背景更加积极。黄水晶是财富的象征，会带来一定的丰饶感，对内心感到贫乏的人有补养的功能。黄水晶沙对内心有阴暗内容的来访者有一定的辅助疗愈性。喜欢选用黄水晶沙的沙屉摆放者，相对于喜欢用白水晶沙的沙屉摆放者而言，会更加温暖、稳定和有力量。

紫水晶：喜欢选用紫水晶的沙屉摆放者往往会带有一点神秘和忧郁的气息，他们会比一般人更具有敏锐的直觉，我们在和他们交往的时候，往往会感受到他们内心中既有丰富的情感色彩，也埋藏着某种深邃的哲学家式的洞察力。

第五，琥珀。琥珀是阳光和生命力的象征。细小的琥珀颗粒可以作为屉沙给沙屉带来阳光般的温暖，比略带清凉感的黄色水晶沙更加温煦，也更加有生命力。同时，琥珀还有一个非常重要的特点，就是关系和转化。

第六，朱砂。朱砂是火焰、生命和血液的象征，也是用来"辟邪"的一个古老的象征物。细小的朱砂颗粒（最好像小米大小）作为屉沙，会让整体的心理背景非常的阳性。过于阳性的氛围可能会让心理偏于浮躁。所以，朱砂不能轻易用作屉沙，但是对于一些有心理问题的来访者来说，如有抑郁症的人，他们在熟悉沙屉的专业心理咨询师的指导下，可以使用朱砂。

第七，谷物。谷物可以在各层使用，象征着心理的资源。用谷物作为屉沙，对来访者或其他沙屉使用者有营养心理的作用，对那些有内在贫乏感的来访者尤其有益。不同谷物的作用也不尽相同。

小米：滋养作用很好的谷物，令人感觉厚实、淳朴、温和。它可以从整体上温暖心理世界，对那些依恋感不够或口欲期固结的来访者是很有好处的。在中国人心中，小米能够养脾胃，这不仅是生活经验，同时也象征着温柔而好相处的母亲的养育与呵护。因此，如果来访者所摆放的沙具在象征上有多重意义，那么在使用小米做屉沙的时候，容易凸显出和依恋有关的意义。

绿豆：清热解毒的谷物。它的颜色是绿色的，色彩感觉比较清凉。用绿豆做屉沙，可以从整体上减少焦虑，对于欲望过于强烈或时常愤怒的人来说，也是一剂很好的舒缓、清热的药物，容易凸显出和宁静清凉有关的意义。

黑米：有补血的功能，可以象征肥沃的土地。对于沙具中的植物或其他有生长能力的沙具来说，黑米有强化的作用。但如果沙具摆放的是战争的场面，那么黑米就反而像是被鲜血染红的土地，会加强这个场面的攻击性力量。

大米：在谷物中显得平凡却不可或缺，同时也容易获得，因而对于一般来访者而言都会带来一种毫无压力的滋养感。同时，大米用作屉沙也可以消除不健康的心理能量，对整个沙屉有一定的保护作用。

第八，其他材料。比如，青金石小颗粒、珍珠粉、黑曜石、细盐等，也都可以偶尔用作屉沙。

青金石往往带有疗愈的心理意义，常常和满足联系在一起。

珍珠粉常常和女性有心理关联，也往往带有舒缓过于强烈的情绪的作用。

细碎的黑曜石也有消除不健康心理能量的作用。如果没有黑曜石，可以用细碎的木炭做屉沙。木炭还有一个很好的功能是吸附作用。不过，木炭碎屑有一个缺点就是可能会把来访者的衣服弄脏，把沙屉架和沙屉弄黑。为了避免这种问题，可以在使用木炭碎屑时，在沙屉上套一层塑料袋。用过的木炭碎屑就不能重复使用了，抛弃掉就可以。

在特别的情况下，细盐也可以用作屉沙。盐消除不健康心理能量的作用很大。有些心理问题很严重的来访者，如精神分裂症患者、边缘型人格障碍患者等，他们在做沙屉的过程中可能会出现幻觉性体验，且会把一些幻想当真。当然我们通常不建议心理学工作者带着这些人做沙屉。但是在个别时候，心理治疗师也许觉得做沙屉对他们有一定帮助，这种情况下就可以用细盐代替沙子来做屉沙。盐对他们会有一定的镇定、安抚作用。不过用盐做屉沙对设备可能会有一定的腐蚀性，缩短沙屉设备的使用寿命。

在个别情况下，还可以用某些中药做屉沙。比如，决明子、夜明砂、艾绒等可以

用作屉沙，给特别的来访者使用。心理咨询师需要对这些中药的药性以及这些中药的心理象征意义都有足够的了解，不然不要轻易使用。

第九，沙屉摆放者自带的屉沙。这种屉沙的使用，往往出现在经过了较为深入的沙屉工作之后的阶段。沙屉摆放者化解情结后，开始退行到了与自恋工作的阶段或开始与家族情结接触的阶段，或者甚至已经越来越发现自己独特的个性，因此到了一定阶段，沙屉摆放者就会感觉放在沙屉工作室里被大家共用的屉沙已经无法表达自己的内心感受。

第十，光与影。这是沙屉中非常独特却常用的"屉沙"。与上述各种材质的屉沙相比，光与影作为"屉沙"，更加无形却如影随形。因此，往往当沙屉摆放者开启更深一层无意识之门的时候，其他过于具象的屉沙已经无法表达摆放者内心中的体验，因此，这种屉沙就自然而言被沙屉摆放者选用了。

沙屉设备包含带有颜色的透明玻璃纸，可以放在上层沙屉的底面。这样，上层沙屉的底就会带有颜色。如果光线透过上层沙屉的底照到中层，中层也会带上颜色。颜色不同，沙屉所带的心境基调就不同。

小的可以吊在沙屉架上的灯可以创造一种光影效果。这个灯可以用来让不同层的沙屉亮度不同。亮度可以象征对一个心理层面的意识程度。在沙屉摆放的过程中，打开、关闭不同的灯，可以起到如心理追光灯一样的作用，进而改变人的意识关注点。另外，在沙屉操作的过程中，也可以对沙屉活动室内的灯光进行调整，以达到期望的作用。

如果光源在上层沙屉，那么上层沙具的影响会投到中层，并且和中层的沙具形成一种关系。这往往会带来很多的启示，帮助来访者看清自己内心。光在同一层沙屉中形成投影，把某些沙具的影响投到某个地方，可以帮来访者看到很多，如看到很多可能性，或者看清心理能量的流向等内容。

总之，虽然屉沙可以有很多种，使用方法也可以多种多样，但是最基本的做法还是用普通的黄沙就可以。初学沙屉技术的心理咨询师应先用普通黄沙来引导来访者做沙屉。因为用各种特别的屉沙会带来很多复杂的变化，如果心理咨询师难以应付各种变化所带来的心理变化，效果可能不好。

还有一些要注意的问题。有些矿物屉沙价格是比较高的，如琥珀、青金石、朱砂等，心理咨询师还需要考虑成本问题。由于价格高，心理咨询师还要考虑到一个问题，就是耗损的屉沙会不会太多。所以我们平时可以把这些特别的屉沙放在箱子里，在需要用的时候拿出来，用完再放回去。

　　谷物用作屉沙，会有一个问题。那就是谷物不适合多次重复使用。因此，谷物做屉沙反而成本会稍微高一点。用过的谷物也不适合作为食物。如果丢弃这些谷物，也是浪费粮食，这是不好的行为。所以我们建议，用过的谷物可以在清洗之后用来喂鸟或者喂其他动物。

　　还有一点要注意，那就是有些屉沙可能会有毒性。某些中药的药性对不适合的人是有毒性或者害处的。使用这种屉沙时就必须小心谨慎，要避免入口或者碰到来访者皮肤破损处，用后要及时收起来。对于儿童，尽量不要使用这类物质做屉沙。

　　沙屉中使用的屉沙种类有很多，好处是增加了沙屉的心理表达力和心理影响力，但是也带来一些工作上的麻烦。我们不能怕麻烦，该做的工作一定不能不做，这样才能让沙屉更好地为来访者服务，避免不应有的问题。

第十章

沙具收集、制造和使用

沙具是心理意象的物质载体。沙具是沙屉最核心的构成成分，因此储存足够多且合适的沙具是非常有必要的。

第一节　沙具的收集

出于成本上的考虑，购买的多数沙具都是市场上能够找到的成品。因为沙盘疗法在国内推广的程度比较高，所以市面上可以买到沙盘疗法所用的沙具。这些沙具可以成套购买，相对来说比较方便且价格也不高。对于沙盘所用的沙具，沙屉技术也可以用，所以使用沙屉的心理咨询师可以购买沙盘疗法所用的成套沙具作为基本的沙具储备。

但现成的成套的沙具未必适合某个心理咨询师独特的需要，所以沙屉心理咨询师日常也可以物色购买一些小玩具、小雕像等，作为沙具来储备并使用。

沙具不必什么都有。有些心理咨询师会希望自己的沙具储备越多越好。他们会收集很多的沙具，不断丰富自己的储备，认为这对自己的心理咨询会更有用处。

当然，沙具多一些是有好处的，毕竟这样比较便于来访者做选择，并让来访者比较容易找到更像自己意象的沙具。但是，在现实中，心理咨询师也不必希望自己什么沙具都有。因为来访者并不需要沙具和意象完全相同，即使沙具不是非常多，也可以满足实际的需要。只要沙具有足够的类别，能大体覆盖各类意象，也能大体覆盖各种心理状态就可以了。这就好比象棋，是一种对战争情境的演示模拟，但是它并不需要把所有战争中的细节都还原出来，只需要把战争中的基本要素表现出来就可以了。

当然也不是不可以收集更多的沙具。只不过沙具的摆放稍微有点困难，可能需要多一点的沙具架，而且哪个沙具放在哪里也需要更有规律，要不然来访者在选用沙具的时候找起来会麻烦一点。还有，沙具多了，也许来访者会花费更多的时间在找沙具上。

此外，一个心理咨询师所储备的沙具，可能会有一种个人倾向性。比如，某个心理咨询师自己偏好什么或有什么样的情结，他就有可能在自己的沙屉中去储备与这些倾向相应的沙具，而这种倾向性对来访者和咨询过程是有影响的。来访者毕竟是要从现有的沙具中选择，找到能代表自己的沙具。为了避免这种影响太大损害了客观性，心理咨询师可以间或请其他咨询师来看看自己的沙具架，让他们提提建议，补充一些别人建议添置的沙具。或者也可以让来访者给出建议，增加一些来访者觉得有必要添置的沙具。

需要特别指出的是，国外有一些权威观点认为，一个来访者在做沙盘的时候，在选择沙具上花的时间越多，就意味着他与潜意识接触越深。对此，我们是质疑的。事实上，一个人的潜意识和"阈限下知觉"有关联。也就是说，哪怕一个来访者看都没看清楚而只是花了一秒钟就选了一个沙具，这个沙具也必然和他的潜意识息息相关。也正因为如此，许多投射测验都会要求被试不假思索地选择第一秒做出的答案。

在沙屉技术中，我们并不认为来访者在寻找沙具上花费时间长就意味着他和潜意识接触得更深。这就好像说，一个人寻找海星的时间很长，并不意味着他在海里浸泡的时间就很长——他可能只是把很长的时间都花在了岸边，去寻找一只他期望找到的海星。相反，一个人花了很短的时间在岸上选了一只干枯的海星尸体，然后就开始用这个海星去讲故事，那么可能在讲故事的同时，他就会想起来已经被遗忘的一件和海星有关的童年往事，于是，潜意识的大门就被打开了，并开始与当下的意识接触。

因此，在沙屉技术看来，一个人接触潜意识的深度与他花在选沙具上的时间并没有一定的相关性。

沙屉技术认为，沙具的本质只是用来代表某个心理意象的物质符号，无论怎么相似都永远不等于那个意象本身。在沙屉工作中，沙具的存在是为了实现一个"索引"的功能。其功能就像是那根指月的手指。为了那根手指长得够不够标准而纠结不清，却忘记了去看月亮，这完全是舍本逐末了。所有和意象有关的工作，我们都秉持一个基本原则："由象解意，得意忘象。"

第二节　沙具的手工自造

通常市场上的沙具还是适合并满足沙屉的使用的。因为市场上的东西也是为了满足人们的心理需求，所以会试图迎合人们的心理，做成人们所需要的样子。这样，很多市场上的塑像或小玩具是比较有代表性的，能够表达人们心理某个部分。

但是不管怎么说，市场上制造的小玩具或小塑像，并不是专门为沙屉心理咨询和心理服务而设计制作的，这些小玩具有市场上的需要，但不是为了沙屉的工作需要，

多少还是会有一些不够充分。沙屉工作会涉及一个人内心中非常独特的心理内容，因此总有一些沙具在市场上找不到类似的代表物。

比如，作为玩具而制造的动物或人物像，往往都要强调其可爱或者有趣，而这就不符合我们意象的样子。市场上的东西，反映的是一般人的心理需要，如回避消极情绪的需要等，而不是"反省自我，反观内心"的需要。

再有，市面上制造的小玩具或小雕像，不可能按照人的心理意象来做。有些在意象中能看到的，在市面上却完全没有。比如，"残垣断壁"是很常见的意象，但是市面上我们能买到的小房子雕像，通常都是完整的房子。

沙屉技术非常重视的一点，就是我们现在市面上所卖的小玩具或小雕像受西方文化影响，西方化的形象比较多。而很多中国本土文化的古老而传统的形象，反而不是很齐全。比如，我们可以很容易买到"穿西装的男子和穿婚纱的女子的塑像"，但是很难找到"凤冠霞帔"的小塑像。更何况，中国古代神话中的很多常见意象，如蚩尤、刑天、混沌、伏羲、女娲、葫芦里出生的娃娃、愚公与智叟、孟姜女、田螺姑娘、董永和七仙女等，这些可能是来访者经常会想到的意象。

这个问题对心理咨询和心理服务还是有一点影响的。因为沙具会在潜意识层潜移默化地影响人们的认知。使用西方文化的形象过多，会在无形中损失本土文化的影响力，损失中国人内心中本来拥有的集体文化无意识中的心理资源。

未来可以考虑去找到厂家制作最适合沙屉的沙具，但是这样成本高、经济效益很低，不能很快完成。为了减少这个问题的影响，我们可以先通过来访者自己制作意象来对此做一些暂时性的改进，也可以尝试去自己制造一些。

如果自己制造沙具，成本当然就会比较高。从经济角度看，就会有一点负担，但是从使用的效果上看这是值得的。一方面是因为在自制沙具的过程中，制作者的心理能量会被投注到沙具上，这就使得制作沙具的过程转化为一种表达性治疗和激活创造潜能的心理训练；另一方面，这对沙具制造者的个人心理认同、建立健康而真实的自信，也能起到极其重要的促进作用，因为这个从中华传统文化中攫取灵感来制作沙具的过程，就好像是在个人与中国集体心理资源的银行账户之间建立了一个链接，通过潜意识中相关意象的密码，个体就可以从文化心理遗产中提取自身所需要的资源，获得一份外在世界无法给予他的"扎根"感和"心安"感。

具体到现实层面，自制沙具怎么做呢？

对于一个在这方面没有什么特殊天赋的人来说，自制沙具的最方便的材料是胶泥。胶泥便宜而好用，在胶泥中加少许水后反复揉搓摔打，让胶泥变得如和好的面一样，就可以用了。如果找不到胶泥，就可以用和好的白面来代替，也可以用市面上卖的橡皮泥之类的材料。

还要准备笔和颜料，以方便在泥人上绘画。颜料可以用普通的水粉，也可以用油画颜料。

来访者在制作沙具的时候，先用胶泥捏出他们自己想要的形状，然后把它晾干。下次来的时候再用笔和颜料在干的泥人上绘画就可以。如果用橡皮泥，则不需要晾干，马上就可以做好，把沙具用到沙屉上。如果心理健康中心准备了烧陶器的电炉，就可以用电炉把泥人先烧成陶，然后再在上面绘画，制作成最终的沙具。

或者可以用陶土塑造成需要的样子，然后烧制。

也可以用纸塑，用纸浆塑造成小塑像。

还有一种方式更简单，就是用一些半成品来制作。先由商家制作半成品，如一些人脸模型，来访者可以在上面画出符合自己内心的表情，穿上自己制作的某款式的衣服，梳好自己心目中的发型；或者用陶瓷做成小小的人型，让来访者在这个人型上绘画，画出他想要做的沙具。这样做出来后马上就可以用在沙屉上。

在制作沙具的时候可以告诉来访者，这个沙具做得好不好看不重要，最好做出来能像自己心中所想象的意象，但是如果没有办法做得像，也完全没有关系。

正如前面所说，沙具自制的过程同样是对心理进行表达，或者对心理进行调节的过程。所以我们并不需要很有效率地制作，也不需要做出很漂亮的沙具，只要用心去做就好。用手工的方式来制作一个东西，这个过程会很好地激发人的潜意识。有的人可能就只是在制作沙具，并没有开始摆放沙屉，就得到了情绪改善的心理效果。这就很好，以后他要不要做沙屉都是可以的。

制作好的沙具可以使用于沙屉中。

使用完之后，来访者通常会想保留自己所制作的沙具，这种就可以让他自己带回去保留。有些来访者会把这个沙具当作小摆件放在家里，或者把它作为小礼物送给朋友，这都是可以的。不过有一点要注意，如果来访者所做的沙具，象征意义比较消极，那就不适合摆放或者送人了。这种沙具，我们会建议放在沙屉室，由咨询师根据情况决定是否给其他来访者选用。当然，如果来访者坚持要带回去，也是可以的，但是我们会提醒他不要摆放或送人。

如果来访者愿意赠送，也可以把来访者制作的美好的或不美好的沙具，留下来作为沙屉室内沙具库存的一部分，供摆放沙屉的人使用。不过，这个沙具的造型版权属于来访者。心理工作室并不对来访者支付沙具制作费用，这样来访者制作沙具的心理

动机通常会比较单纯，以便能够实现内心表达的初衷。

我们通常会直接销毁在制作沙具过程中做废了的那些半成品。但是在个别情况下，如果来访者同意，也可以保留下来。其他来访者在使用的时候所赋予这个沙具的意义未必和制作者所赋予的相同，但通常会大体上类似。

沙屉，因中国的特色，可以有以中国字为意象的沙具。

对于某些文字，如那些欧美的表音文字来说，文字就是文字，不能是意象。一旦出现文字，来访者在看了这些字后就自动进入逻辑思维状态。因此，在沙盘中就不使用文字作为沙具。因为用了表音的西方文字做沙具，就不再能够启动形象思维了，而是进入了逻辑思维。

但是，中国字具有象征性意义，本身也是意象，所以文字也可以做成沙具。用中国字做沙具，来访者看到这些中国字，未必就会唤起逻辑思维，很有可能还是保持在原始认知中。我们中国古代的园林中，就会有很多文字性的内容，包括匾额、对联、题字或碑文等，但是它们都不会破坏园林的形象性。这些文字都可以看作特别的一种意象。这些匾额上的文字，有些不是标准化的字，而往往是特别的人所题的字。这些文字甚至可以和汉字的标准写法都不相同，这都是可以的。

文字意象的沙具和园林中的匾额、对联、题字等，是同样的道理。一个沙具上的文字以单字或两个字为好，只有特殊情况才有更多字数。因为字多了，就容易被阅读并唤起人的逻辑思维，而使得人"脱出"原始认知状态。但是，一两个字就可以保持在原始认知中。沙具上的文字不能写成标准的印刷体，而应当用某种特别的书法字体。比如，做一个文字沙具，如果字选用的是"率性"，那么可以用米芾的字或者苏轼的字，就好过用欧阳询的字，因为米芾的书法本身就更能显示出率性。

还有一种更为特殊的文字，就是自发出现在来访者梦中的"文字"。或者说，那些更像是文字符号，因为做梦者和心理咨询师可能都无法认识这个梦中的符号。但是，它依然是非常有意义的，因为它是这个人心中出现的潜意识内容的载体，哪怕我们一时无法理解它的意义，它在沙屉中有一个位置存在，也将会有助于开启我们内心深处的潜意识大门。

第三节 沙具的摆放和使用

沙具平时放在沙具架上，分类摆放。

沙具架不要太高，因为放得太高，来访者不容易看到，也就不容易使用。

心理咨询师让来访者在摆沙屉时自己选用沙具，可以告诉他们："这里有一些沙具，你可以看一看，看对哪个沙具有感觉。你可以选出来，把它摆放在你的沙屉中。"

根据不同的沙屉设置，心理咨询师也可以自己选出一些沙具，用来和来访者一起摆沙屉，或者提前放在沙屉中，构成某个主题和背景，然后再让来访者摆放他的沙具。

沙具需要定期清洗或除尘，保持基本清洁。但也不适合过分清洁，因为过分清洁反而会让沙具中的一些自然的心理能量损失，或者给沙具留下一种"强迫"的意味。

如果沙具在运输或使用过程中被损坏，也可以继续留下来用。有的来访者可能恰恰需要用这些沙具表达一种破损感。当然，如果坏得太严重，到了很"惨烈"的程度，可以丢弃。

如果发现有些沙具几个月都没有人选用，也可以把它放在比较偏的地方。这样，以后如果有人需要选一个冷僻的沙具，他就可以到这个区域去找到它。当然，如果一直都没有人用，而且沙具架太满，也可以把这个沙具暂时从沙具架上淘汰，放到储藏室中或酌情丢弃。

如果条件允许的话，每隔一段时间，可以补充一些新的沙具，并把一些旧的放到偏一些的地方。这样有些长期做沙屉咨询的来访者会有一些新的触动。

第十一章
沙具的象征意义

前面我们说过，沙盘疗法是一种主要用原始认知和远古认知来进行工作的心理咨询与治疗的方法。其中，原始认知是用意象来作为基本运算符号的。

"象"，是"某个事物的样子"；"意"，就是"意义、意图、情意"。意象，就是可以表达象征意义的"象"。意象包括视觉意象、听觉意象、味觉意象、触觉意象和嗅觉意象五大类别。在沙盘中，虽然我们都会酌情使用这些景象，但最常用的还是视觉意象和触觉意象。

沙盘中的一切，主要包括盘沙和沙具等，都是被外化成物件的心理意象。因此，沙具以及沙盘中的一切都是有象征意义的。心理咨询师也有必要学习去理解它们的象征意义。

在具体说各种意象的象征意义之前，我需要先讲一些相关的基本知识。

第一节　沙具与意象

一、意象的象征意义是统一的

意象，是原始认知系统所用的符号。它不同于逻辑思维中的那些符号——逻辑思维中的符号可以不带多少心理能量，所以人可以是"冷静的"，不带心理能量地去思考、推理。而原始认知系统的意象总是带有很大心理能量的，因此原始认知过程始终伴随着能量活动。也就是说，原始认知系统所使用的意象思维，是有情绪、有情感的形象思维。

意象是人内心中的，可以在想象过程中浮现出来的，有能量、有意义的象。它只是一个心理的事物，但它可以通过一些外部的实物来间接地被表现出来，如可以用图画、沙具（小雕塑）、声音和气味等表现。这些实物在本质上代表那些心中存在的意象。

因此，当我们说"沙具的象征意义"，实际上说的是"这个沙具所代表的那个心理意象的象征意义"。例如，有一个美人鱼形象的沙具，当我们说"这个沙具的象征意义是什么"时，实际上我们所问的是"美人鱼意象的象征意义是什么"。当然，具体到一个沙具，即便都是美人鱼沙具，这个美人鱼沙具和那个美人鱼沙具也会有所不同，那么它们的象征意义也就各有不同。具体这些不同是什么，还要根据其各自形象的特点来解读。

因此，我们在本书中所说的沙具的象征意义，和我们意象对话疗法中相应的意象的象征意义，总体上说是一致的。因此，学习过意象对话疗法的人，把他在意象对话中学习到的关于意象的经验直接用于沙屉中，这是没有问题的。或者，善于释梦的人，直接把关于梦中意象的经验，用于阅读和理解沙屉，也是完全可以的。学习过沙盘游戏疗法，对沙具的象征意义已经有理解的，其经验可以直接用于沙屉技术。所以如果在别的疗法中学习过关于意象的象征意义的内容，那么在学习沙屉技术时，这些知识都不会浪费。

二、外在的沙具不需要和内部的心理意象完全一致

如果我们能很仔细地观察内心中的意象，就会发现它有一个特点——常常是一个"不完整的画面"。

意象中的人物，并没有细致入微的、全身的细节。我们"看到"的，只是这个人物的一些引人注目的部分。比如，我们会注意到某个人物意象有很大的眼睛，另一个人物意象有强壮的肌肉，但是有很大的眼睛的那个人，他的耳朵是什么样子的？可能你根本就没有注意到他的耳朵。对于有强壮肌肉的那个人，你可能就没有看到他的发型，只能约略地觉得好像是比较短的头发。

有趣的是，在意象中没有被"看到"的那些部分，并不会像一幅画中少画了某些部分那样让你感觉这幅画的整体是"缺失"的，相反，即使你看不到这个意象的某些部分，在心理感受上，这个意象本身也还是能够完整地表达它想要表达的心理内容。比如，意象中的那个大眼睛的人，他并不是一个"没有长耳朵的人"，只不过你没有看到他的耳朵。

但是，当我们用一个外在的图画或者沙具来表现意象的时候，这些"缺"的部分就需要被毫不含糊地画出来或者雕刻出来。仅从这一点看，沙具就不可能和内心中的意象一模一样。心中的那个大眼睛的人物的意象，一旦被做成沙具，就必须被安上两只这样或那样的耳朵；而心中那个肌肉猛男，一旦被做成沙具，也总归得披挂上某个颜色的衣物并且制作出某种发型。

如果你有看素描的经历，你也许会有一个经验：很多素描，对头发、衣服等不重

要的地方，是不仔细描绘出来的，作画者往往只是用炭条或铅笔草草地抹一下了事。而这样的素描，比那些在次要地方也勾画得很细致的那些画，在心理感受上会更好看，这是因为，各种地方都画得很细，就会更像现实世界中的物体。而次要的点草草地抹一下，这种重点突出的画法则更像我们心中的意象。

而对于沙具，相对来说，因为次要地方不方便草草地抹一下，所以它们无论如何都不会很像意象本身。

"一千个人心中，有一千个哈姆莱特。"把一个内在意象表现为外部世界的一个具体沙具的过程中，不但会添加一些意象中没有的细节，而且意象中其他含蓄的地方也都必须被加工成一个明确的样子，这样必然会带来一个问题，那就是限制了意象本身的丰富性和心理留白。比如，金庸在小说里说殷素素"艳丽不可方物"，我们也明白了这姑娘漂亮得不得了。但是殷素素的眼睛形状是哪一种，是丹凤眼还是杏仁眼，其实我们并不知道。每个人心中想象的殷素素都不完全一样，但唯一一样的就是"不可方物"。但如果我们拍电视剧，那就必须找一个演员去演殷素素。而这些演员就必须有具体的样子，有具体的眼睛的形状。她就算是导演眼中的"不可方物"，也未必符合每个人心中对殷素素这个人物形象的想象。

至少还可以在成千上万的美女中海选演员，大体上选出一个和多数人心目中的殷素素差不多的人来。但是在沙屉活动室中，现成的沙具就那么多，选择范围很小。例如，在一个来访者心中，有一个像灰白色雾气一样的朴素而虚弱的美人鱼意象，但是，他在放沙具的架子上，只能找到红、蓝两个浓妆艳抹的美人鱼沙具，它们都和自己心中的那个意象不一样。因此，在现实世界中指望沙具和内心的意象差不多一样，也是完全不可能的事情。

虽然在这种情况下，最好是由来访者去自制一个灰白色的美人鱼沙具，但即使他凑合着用其他相似的沙具来代表自己心中那个美人鱼意象，也并非不行。这是因为人有投射的心理机能。来访者的投射，可以让他自己觉得哪个沙具"就像"自己内心中的意象。投射可以改变来访者对外在沙具的知觉，让它变得和内在的意象更加相似。因此，只要某个沙具和来访者心中的那个意象的基本特征差不多，即使不完全像，对于这个来访者来说也足够了。

而这个"差不多"的度究竟在哪里，来访者的潜意识会自动把握的。如果上述那个来访者感觉沙架上的两个浓妆艳抹的美人鱼虽然表面上更接近，但其实和自己心中那个美人鱼相比完全是"异类"，那么，他自然会选用别的更能符合他自己内心感受的沙具来表达。比如，他可能会选用一条灰白色的普通大鱼或一个穿着灰白素衣的弱女子沙具来表征自己心中的那条美人鱼。

对于一个必然要和沙具打交道的心理咨询师来说，要始终心中有数：沙具不是来访者内在意象的精确样子，而只是一个"高仿品"。因此，如果来访者告诉心理咨询师"我心里的沙具的样子其实是××样子的，和这个沙具不同"，心理咨询师要尽量根据来访者的描述，去想象一下来访者内心中那个意象"原件"的样子。

三、每个沙具都有其自身所携带的象征意义

一个沙具，就是一个被固定成了物件的心理意象。而反过来，这个被沙具表征的意象的象征意义，就是这个沙具的象征意义。

每一个沙具都自带其象征意义。例如，蛆沙具的象征意义总是和强烈的不被接纳、极其被嫌恶、贬低的感受，以及低自尊、自暴自弃有关；床沙具的象征意义和休息、性、亲密关系有关；桥沙具的象征意义与想要连接割裂的两端有关；镜子沙具的象征意义通常和自我反省、自我欣赏、注视、关注、观察有关；飞蛾沙具的象征意义常常和缺乏智慧的情感牺牲与执着有关；灯塔沙具的象征意义常常与迷途中的引导、陪伴、守护有关；白雪公主沙具常常与女孩的自恋以及在三角关系中的俄狄浦斯冲突有关；蚯蚓沙具常常象征着自卑、渺小、社交回避等，以及与世无争和自给自足有关；等等。

虽然一个沙具会自带它所表征的意象的象征意义，但在实操中我们总会发现，某一个沙具的象征意义在不同的个体看来可能并不是完全一样的。这说明即使面对同一个对象，即使经历了同一个事件，每个人所持有的都是自己的心理现实。举个例子来说，夫妻俩为了一件事吵架的时候，会发现两个人各自坚信的那个"事实"完全是两个版本。或者不说这么极端的情况，即便没有情绪的影响，如果有 10 个人去上了同一个教师的同一堂课，之后让他们去如实描述那个教师，你也会发现这 10 个人的描述各不相同。

虽然 10 个人心中会有 10 个"某教师"的意象，但我们依然会发现，这 10 个不同的教师的意象会有某种共性——这种共性的特征，更接近这个教师本身的样子。对一个沙具而言，这个共性的象征意义，就是这个沙具本身的象征意义。每个看到这个沙具的人，都会在这个"沙具本身的象征意义"的基础上，各自进行二道加工，最后在自己心中形成一个关于这个沙具的心理意象。

在沙屉实操中还有一种常见的情况，就是一个来访者摆放的某个沙具在心理咨询

师的内心引发了某些特殊的感受，或者心理咨询师看到了某个沙具上所具有的某个独特之处，那么这些内容在沙屉的心理分析中都是有意义的。心理咨询师可以暂时悬置这些内心感受，带着以下疑问继续观望：或许这里有某些潜意识的线索在指向来访者的某个心理内容？或者它指向了心理咨询师的反移情？或者它指向了咨访关系？或者它指向了咨询之外的某些未知的事情？或者是以上这些疑问的总和？如果机会恰当，心理咨询师也可以和来访者一同探讨以上这些问题的答案。但如果来访者指出"这个沙具的特征并不是我内在意象上有的，只不过刚好在这个沙具上有而已"，心理咨询师也需要考虑来访者所说的这些想法。虽然有时候来访者这么说是一种阻抗，但也有另一些时候来访者说的是对的，那可能的确是来自沙具制造者在制造过程中的问题。

　　总结起来说，一个沙具的象征意义就像一个意象的象征意义一样，并不是固定、僵化的。一个沙具或一个意象可以有很多相互联系的不同象征意义，就像一个双关图或多关图那样。比如，蛇可以象征凶狠，或可以象征神秘，或可以象征性感，或可以象征智慧，也可以组合起来，代表一个性感、凶狠的杀手，或一个神秘、聪明的巫师。究竟在这一次沙屉工作中这条蛇象征什么，还需要结合它所在的"故事"去看。总之，我们不能机械地、像查字典一样，去理解一个沙具的象征意义。

四、沙具在背景中的意义——出现在一个具体沙屉中的具体意义

　　除了每一个沙具都有其自带的象征意义以外，当一个沙具被放入沙屉中与屉沙和其他沙具成为一体，它的象征意义也会重新被其所处的故事背景所定义。通俗来说就是，当一个沙具被放在某个具体沙屉中它的意义究竟是什么，还要综合它和其他沙具之间的关系、这个沙具所处的位置等信息后，才比较容易分析清楚。

　　一个沙具一旦被一个人放进一个沙屉中，那么这个沙具的象征意义就不再是孤立的了——它不但拥有了沙屉摆放者所赋予的个人化的心理意义，同时还有被整个沙屉故事背景所定义的特定的角色。

　　因此，我们在平时学习和练习的时候，可以从共性的象征意义去了解某个沙具，但是在做心理咨询的时候，就不能再生搬硬套，而要因时制宜、因地制宜地结合沙屉背景去灵活地理解。

第二节　沙具的类别及其象征意义

为了方便理解，按照沙具的形象，我们可以对沙具进行分类。对沙具的分类和意象对话疗法中对意象的分类是一样的，大体上可以分为以下几大类：自然物和器物，植物、动物、人物，抽象物或符号。需要注意的是，有些沙具可能同时包含两个或两个以上的类别。

我们以人类作为主体来看以下类别的共性象征。

一、自然物和器物

自然物和器物这两类都是无生命、无情的存在，也都是人类的生存与生活的资源。换句话说，这两类沙具都反映了沙具摆放者对自身所处环境和资源的体验与感知。

二者的差别如下，自然物是作为人类的生存或生活环境存在的，而器物则是作为人类的工具来使用的。自然物是天地创造的，是先于人类自身而存在的，而器物是被人类创造的，是后于人类自身而产生的。因此，自然物更加具有自然属性，器物则具有非自然的人为创造的属性。自然物含有超越性和神秘性的特征，而器物则从属于人类这个主人，被人类所了解和掌握。

在理解象征意义的时候，我们主要关注的是自然物是否自然，以及它们对人类生命的利与害。例如，大地是否稳定，水是否充足和清洁、无毒，火是否足够并不会过度蔓延，风是否自由并不会形成旋涡，空间是否足够敞亮而不至于令人窒息，等等。

而对于器物，我们主要关注的是该器物的功能，满足了人类什么样的需要，以及对使用该器物的人的身份认同。例如，容器和武器在象征意义上分别代表了女性与男性倾向；而同样是容器，一个花瓶则侧重表征着年轻女性的美，而水缸则侧重表征着母性的滋养和包容；反之，同样是武器，宝剑与智慧、领导力和高贵有关，斧头则意味着鲁莽、健壮与平庸，盔甲则显露出使用者的恐惧、不信任及防御。器物是被人制造和使用的工具，目的是让人更方便地满足欲望，因此，借助器物的象征，我们能够了解一个人内心中有哪些没有被满足的欲求、以什么样的策略和方式来追求满足。例

如，一个拐杖是让一个行动不便的人行动更加便利，它的策略是用"提供支撑"来弥补腿脚功能的不足，而一个权杖则是让一个已经拥有了权力的人更加彰显和强调他的权力；拐杖的价值是为了满足人的基本需要，从而使一个"不健全的人"恢复健全的自我功能，而权杖满足的是人心中奢侈的、夸大的欲望，使一个已经得到了更多的人更有利于维护他的特权；权杖和拐杖的不同还在于，拐杖给人提供的是实际的帮助，毫无虚荣价值，而权杖则缺少日常实用价值，权杖的真正价值在于它要在社会关系和人际比较中体现自身的荣耀。从中我们可以感受得到，一个选择了权杖沙具的摆放者，比另一个选择了拐杖沙具的摆放者更有优越感、更自信、更自我、更注重社会性，而另一个选择了拐杖的摆放者会更自卑、在团体互动中更被动、遇到困难更愿意依靠自己解决。

二、植物、动物、人物

植物、动物、人物这三类的共性是都有生命，因此开始与沙具摆放者自身有了更直接的关联，并或多或少地反映出了这个人对自身的体验和感知。

其中，植物与动物和人物不同，植物有生命却没有情绪情感，因此相比而言，植物更加自然，它们在因缘聚合的条件下被播种，然后凭借其自身的潜能逐渐生长、繁育，它们一动不动地随顺命运的安置，也未被团体和社会文化所驯化或异化。所以，植物往往象征着沙具使用者"与生俱来的天性潜质"，在心理学语境下，就是一个人先天气质的表征。

动物和人物，除了像植物一样有生命之外，还有植物所没有的情绪情感。只不过，动物的情感更简单、低级，而人类的情感更复杂、高级。因此，沙屉中每个出现的动物和人物都会与沙屉摆放者的内心情绪情感有关，只不过，越低等的动物的沙具所表征的情绪情感越单纯和原始，越靠近婴儿早期的情绪情感体验，而人物沙具所表达的情绪情感则更加高级、复杂，更能反映出这个人在后天的家庭教养方式以及社会文化影响下所形成的人格特点。换句话说，动物沙具通常告诉我们这个人早期生活中的境遇，而人物沙具则通常告诉我们现在这个人已经构建出了什么样的人格特点。

在理解象征意义的时候，我们主要关注的是动物的种类、体型大小、生存环境、生存策略、生活状态以及与同伴群体的关系模式等。例如，食肉动物更具有勇气、攻击性和雄心；食草动物更温和、胆小、敏感；杂食动物适应性更强，也更随和；两栖动物常常意味着沙屉摆放者必须适应两种截然不同的家庭养育风格。再如，与胎生动物相比，卵生动物和母亲的连接更少，这反映出了沙屉摆放者的依恋风格。但同样是卵生动物，没有毛并且皮肤粗糙的蛇、鳄鱼与长着羽毛的禽类相比，依恋感就更差。再如，同样是猫科动物，体型小的野猫与体型大的老虎相比，心理能量就更小，但反过来，体型娇小的野猫又比体型庞大的老虎更妖娆和具有神秘感。再如，同样是家兔，一只干干净净、毛色鲜亮的，就比另一只长着斑秃、身上脏兮兮的兔子更加受宠爱。

　　此外，动物的生存环境是非常有心理象征意义的。例如，生活在水里的鱼会更加重视情感，也更加接近潜意识，用我们日常的话来说就是"更感性"或"更情绪化"，但是也正因为如此，水的平静与否、清洁与否等会对鱼的生存和生活起到致命的影响。这让我们知道，一个内心像鱼的沙屉摆放者其实非常重视人际环境里的情感氛围，当然也因此容易受到环境氛围的影响。生活在空中的鸟儿，其性格特点和鱼就很大的区别——鸟儿飞得高、看得远，到过多数动物一辈子没到过的地方、见过多数动物一辈子没见过的风景，因此更加有视野、有格局、有思想，鸟自由自在、不拘一格、超凡脱俗，它们对生活环境的依恋程度和水里的、地上的动物相比就弱了很多，鱼一辈子都不离开水、走兽一辈子都不离开地，鸟却可以在不同的地域和水域上空穿梭。有些鸟走到哪里就随便搭个巢住下，时候到了说走就走，来去无牵挂，什么"积蓄"也没有。生活在陆地上的动物，如松鼠、蚂蚁，都很在乎自己的地盘，因为地盘就等于它们的家，大地给它们提供安定和依靠，在自己的地盘范围内，它们就可以蓄积田产、食物。松鼠会在洞里储存很多植物的种子，吃不完的就会在来年发芽，所以松鼠也是"公益农民"；蚂蚁会在巢穴里储存各种杂粮和肉干，荤素搭配。选择在地上生活的动物的摆放者在内心深处更认同农耕文化、儒家文化，更有乡恋的情愫，更在乎并忠诚于家、社会、国家，更加愿意遵守和维护社会秩序。

　　而对于人物沙具，我们主要关注的是这个人物沙具的年龄、性别、穿着打扮、情绪基调以及与其他人物沙具的关系等。例如，一个单独躺在一张大床上的小婴儿沙具会让我们感受到摆放者心中的孤独、渺小，以及他心中对母亲温暖怀抱的渴求与不满足；正在望着一对在海滨嬉戏的情侣的一个年轻女子的沙具，会让我们感受到摆放者心中对爱情的期盼、渴望，以及心中的羡慕、嫉妒和酸楚；一个背着大书包、戴着眼镜的学生沙具，会让我们感受到摆放者心中的学习压力；一只穿着绫罗绸缎的宠物狗，会让我们感受到摆放者心中被满足的安全感与归属感，也让我们知道他心中有一部分正作为"宠物"的方式与"主人"建立亲密关系；蜷缩在衣着光鲜、昂首挺胸的领导沙具背后的那个衣衫褴褛的乞丐，会让我们感受到无论这个人在表面上获得了怎样光明的前途，怎样被人们所恭维和追随，他的内心深处依然充满了无可救药的自卑

感、贫困感和岌岌可危感；等等。

通常，在沙屉工作中，人们会下意识地使用各种男神、女神、童神的沙具来表达人类心灵中最纯粹而原始的精神本能。例如，最纯粹而无污染和扭曲的性本能，就用性爱之神来表征。目前流行的沙具是非常具有西方文化特征的维纳斯女神，但其实中国古代神话故事中的人物沙具，如用伏羲、女娲意象做沙具来表征更合适；最纯粹而无造作的母爱，就用大母神来表征；最纯粹、最本能的对万物及其自身的了解与洞察本能，就用智慧老人来表征；最纯粹、最自然的原始生命力，就用人参娃娃来表征；最纯粹的、最自我中心的欲望追求，最纯粹、最自然的死亡能量都可以用神话人物来表征。

或者用另一种说法来表达，可以说神就是人的原型的象征性意象，象征着人性中的某个侧面。比如，奥林匹斯诸神基本上就是这样：战神马尔斯就是攻击本能的象征，性爱之神维纳斯就是性本能的象征，雅典娜就是智力的象征……同样，中国的财神就是人的资源寻求本能的象征，灶神就是饮食和日常秩序需要的象征，花神就是人的审美需要的象征……

有一点要说明，神话人物沙具摆在沙屉中并不一定代表来访者"心中有神"。很多时候，摆放这些神话人物沙具反而是自恋或者理想化的表现。也就是说，他们或幻想自己就是神，或指望着身边的人能像神一样，这反而是很多心理问题和障碍产生的原因。

而各种类型的丑陋的、可怕的形象的沙具，则往往被沙屉使用者用来表达内心中那些最深刻、最挥之不去的，是在家族、民族甚至人类的心灵中代代相传的痛苦、挫折和创伤。

三、抽象物或符号

抽象物或符号是非常特殊的两类沙具。从共性上来说，它们都象征着藏在人类心灵最深处的那些亘古不变的精神存在，这些精神存在涵盖了关于人、万物以及人与万物关系的本质的体验和理解。这些体验和理解是超个人的，也是跨越时间和地域而存在的。作为个体的每个人都潜移默化地受其影响，却往往对此毫无意识。即便有些人对此有一些若隐若现的感知，也无法用任何语言来描述。因此，这些对人产生了既深刻又深远的心理影响的内容一旦进入沙屉，就往往会以抽象物或符号沙具来近似地表达。

它们只能被沙具"近似地表达"，是因为上述心理影响的内容是不可用一个具象来表征的。因此，一旦这些精神体验被表征成一个沙具，它们必然就被僵化和狭窄化了。就像人类的爱、审美和灵感这些心理存在，一旦被语词描述出来，就会被僵化和狭窄化一样。但为了能够方便人与人之间表达和交流，人们依然需要尽可能地使用语词来实现表意的功能。

代表抽象物的沙具，是无具体形象的意象的代表。在实操中，符号的沙具由于表达的局限性，所以在市面上比较少。一般最典型也是最常见的符号沙具有太极图等。在沙屉技术中，我们认为沙子也是一种抽象物沙具。沙屉架也是一种抽象物沙具。在沙屉技术中，还会使用一些彩线、圆环等沙具。被摆放在沙子中的灯和相机都算器物，但是沙屉架上方用来给沙屉照明的灯则算抽象物，这是因为它自己不在沙屉中而只把光照到沙屉上。放在沙屉架上方或旁边用来拍沙屉的相机也算抽象物，因为它也不在沙屉中，而我们只看到沙屉和记录沙屉的影像。

当然，在现实工作中，每一个沙屉摆放者都会选择很多的沙具，各类都有。这是因为在一个人心中住着各种类别和习气的"子人格"。我们关注的重点是，这些不同欲望和行为习惯的心理内容，共同出现在同一个沙屉上并构建同一个故事的时候，它们在试图告诉我们什么。

第三节　沙屉中必备的沙具

我们在上一节说过，为了方便理解和使用，按照沙具的形象我们把沙具大体上分为：自然物、器物、植物、动物、人物、抽象物或符号（需要注意的是，有些沙具可能同时包含两个或以上的类别）。在这一节，我们大致介绍一下沙屉工作中对沙具的储备。

一、自然物沙具

沙子同时也是自然物沙具。

另外，水、水晶、石头、矿石、火苗的像等沙具属于自然物沙具。

珍珠虽然是动物的产物，但是也可以归为自然物。

日月星辰当然也是自然物沙具。

二、器物沙具

器物有不同类别，各类都最好有，不需要很多。

在厨具中，可以有刀、叉、筷子、碗、碟、茶具、瓶子等。

武器必须有，冷兵器中必须有刀和剑，热兵器中必须有枪。

农具，可以有镰刀、拖拉机等。

可以有少许医药工具，如注射器、药箱等，还可以有消防工具。

文具，必有的包括笔、书包等。

乐器，主要的乐器有古琴、小提琴、笛子、唢呐等。

交通工具必须有，主要是汽车、摩托车、自行车、船和飞机。

桥是必须要有的沙具，因为在做沙屉时经常需要用到。

要有桌、椅、床。还可以有井栏，井栏实际上用来代表井。

各种各样的房子可以多准备一些。

其他日常很常见的器物也可以准备一些。

三、植物沙具

草坪、灌木和小树，这些沙具是必须有的，而且最好稍微多一点。需要的时候，来访者可以用来布置一片景观。如果可以，最好有竹子的沙具。老树是一个常见的意象，所以最好能有老树（比较大一点）的沙具。

花可以有几种不同颜色、不同种类的，最好能有对于中国人来说有意义的花，如梅花、菊花、兰花、桃花以及玫瑰、百合等象征意义比较特别的。

水果或果子可以有一些。

水生的、旱生的、寄生的植物也要有一些，至少草本、木本、藤本的、漂浮的、带气根的、菌类的植物都要有。

还要一些特殊的植物，如带刺的、带毒的植物，或者猪笼草这样食肉的植物，也可以有一些。

四、动物沙具

用动物的小塑像做沙具，是必须有的。

鸟类是必须要有的，而且最好有多种。鸟巢和蛋也最好能有。

鱼类也必须有，而且也是不同品质的要有几条。还可以有章鱼或乌贼、贝壳等水中动物。

昆虫或虫子，要有不同品种，包括好看的和不好看的，如蜻蜓、蜜蜂、蜘蛛和肉虫等。

蛇是必须有的。乌龟、蜥蜴等爬行动物至少也要有几个。

虎、豹、狮、狼、狗、狐狸、牛、羊、马、兔子、老鼠这些常见的动物一定要有，其他动物有特殊性和代表性的，要看情况储备。只要陆海空的、两栖的样样都有一定数量即可。

五、人物沙具

人像作为沙具，常用的有小男孩、小女孩、美丽女子、强壮男子、成对的情侣、老人等形象。

小男孩的形象，有可爱的、顽皮的、机灵的、瘦弱的等不同样子。小女孩的形象，可以有漂亮小公主样子的，也可以有可怜的、哭泣的等不同样子。老人的形象，可以有衰老忧伤的，也有怡然自得或显得很有智慧的样子。

可以有不同职业的人像，警察、护士、矿工、画家……

人物可以有看起来善良的，也要有看起来比较邪恶或者凶恶的。

可以选择一些有中国文化特色的形象，如垂钓的老翁、吹笛的牧童、执扇的书生等。

六、抽象物或符号沙具

一般来说，符号沙具有太极图即可。用沙具来表达抽象物或符号的局限性太大，所以在沙屉中抽象物沙具不是重点。在沙屉中，我们常常用各种屉沙、光与影、色彩等这些元素来表达抽象意义。

第四节　常见沙具的象征意义略说

各种沙具的象征意义丰富且不固定，所以这里的略说极为简单化，仅仅供大家在理解时参考。

一、自然物沙具的象征意义

自然物象征的是人最朴素的基本心理感受。

用沙子可以表达一些基本的心理感受。

只有起伏不平的沙子，而没有其他沙具。仿佛莽莽苍苍的大沙漠，构成了一种基本感受。在现实世界中，人走在无人的大沙漠中、走在戈壁中、航行在茫茫的大海中，遥望无星星无月亮的夜空时，都会有这种基本的心理感受。

部分地方的沙子被挖开，露出无色或蓝色的沙屉底盘，这时就会有一种混沌初开的感受。

在沙屉中，拨开沙子露出的蓝色的屉代表水。水往往是情感的象征。

石头沙具可以象征稳定、坚实、可依靠，或者象征着阻碍、顽固和压迫感。

水晶或宝石通常象征着心中通透清明的部分，心理健康和成长得更好的部分，当然也可以象征财富。

太阳沙具，象征着光明、力量、坦诚、爱和勇气等。月亮沙具，则通常象征着温情、慈爱等。星星可以象征希望、灵感等。

二、器物沙具的象征意义

厨具可以象征日常生活。茶杯可以象征悠闲和自在。瓶子有时象征女性。

武器常常是男性气质的象征，刀、剑、枪、导弹、坦克都象征着男子气。有时，武器也代表着对外界的敌意。

柱子、塔、金箍棒或者类似形状的器物可以是男性气质的象征，有时也可以代表自我的中心。

镰刀、拖拉机等农具可以作为建设性力量的象征，也可以作为破坏性力量的象征。

医药工具、消防工具是拯救的象征。

文具沙具往往是理智的象征，或者知识的象征。

各种乐器沙具象征着相应的情感品质，如古琴代表高雅，小提琴代表优美，笛子代表自由，唢呐代表活跃、热情。

在交通工具沙具中，汽车代表的是人的行动力。摩托车让人感觉兴奋，自行车让人感觉平静。在男孩摆放的沙匣中，有这些沙具是非常正常的，代表着男孩对探索自然的热爱和男孩的力量、自信。不过，如果这些沙具太多则可能代表着男孩的情感发展不够好，可能会有情感压抑的倾向。船、飞机一方面虽然也有和车一样的象征意义，但是另一方面它们和桥一样，可以作为联系的象征。桥的沙具在沙匣中往往连接两个区域，象征着这两个区域的联系。船则在水面上，隐含着一种不那么直接的联系。飞机是更不明显的但依旧存在着的联系。

桌椅、床在沙匣中构成一个场景，根据这个场景的气氛来体现其象征意义。

井栏通常是滋养和资源的象征。

房子象征着家，象征着人格中的稳定中心。不同形状的房子，或不同类型的房子代表这个人的中心特质或者自我认同。例如，别墅或漂亮的房子，说明有自我满足感和建构得比较好的自我中心。而草房子，则可能安全感就会弱一些。

三、植物沙具的象征意义

草坪沙具可以用来铺在沙上，形成一片草地区域。通常这是内心丰饶的象征。例如，有一个组合是，有房子、有栅栏的院子中有一片绿绿的草坪，或许还有一棵树或者一个摇椅。这是岁月静好的象征性意象。

树沙具多为生命力健康发展的象征，特别是那些茂盛的大树。树常常是安宁感的象征。竹子往往象征归隐，或者说是内向的丰饶性。

花和果实是丰饶性的象征，也还有美好的性态度的象征。谷穗也是丰饶感的象征。

枯树常常象征着抑郁，或者象征着压抑和死亡。

四、动物沙具的象征意义

鸟类因为能飞，所以他们共有的象征意义可以代表精神性，或者代表超越于日常生活的那些更加艺术性、幻想性等的心理。

鸟也可以象征自由。各种不同的鸟有其不同的象征意义。鸟巢通常象征着家庭，体现温暖和依恋的感受。蛋通常象征着新生，象征着潜能。

鱼类沙具通常象征着潜意识中的心理内容。摆在代表水的区域中，鱼的沙具常常有联系的作用，让水四周的沙具之间有了联系。章鱼或乌贼象征着更加原始而分化度低的欲望和生命力。贝壳通常象征着美、天真和善良等。

昆虫或虫子沙具，好看的蜜蜂、蝴蝶、蜻蜓等，象征着美好的但有点幻想性的心理，有时代表内心中天真的部分。不好看的蜘蛛、蝎子、蟑螂等，则通常象征着心里自卑或消极的情绪部分。

蛇是必须有的，因为蛇是人的原始生命力的象征，代表着人的原始本能力量。蛇有原始的直觉智慧，也有原始生命的那种自我中心和自私。

乌龟是顽强的生命力的象征，坚定而能忍耐。

蜥蜴则随机应变，机敏灵活。在中国人的民族性中，蜥蜴所象征的性格相对比较鲜明。在西方蜥蜴代表强盗，而在中国蜥蜴代表骗子。

虎、豹、狮，这些大型猫科动物象征着人的进取性或攻击性，也是力量感和自信的象征。

狼、狗、狐狸，这些犬科动物象征着忠诚、追随、归属感和家庭感，有时也可以象征着攻击和威胁。狐狸可以是性的象征。

牛、羊、马、兔子、老鼠，这些素食动物象征着性格中比较温和的一面。马经常是平和、安宁生活的象征。

五、人物沙具的象征意义

人物的职业象征着不同的人际态度。

军人象征着一种战斗的态度，医生象征着援助者，护士象征着抚慰者，工人就是工作者，教师就是教育别人的人……

乞丐或者衣衫褴褛者象征着内在的贫乏感，但在中国文化中有例外。比如，济公的形象就是衣衫褴褛者，但不代表其内在的贫乏，而只代表脱略行迹，不重外表。

人物的年龄象征着心理发展的成熟与否。儿童沙具可能象征着不成熟的自我，但也有另一面，即儿童沙具象征着的是人天然和自然的那一面。老人沙具可能象征着成熟、有人生阅历，也可象征着衰朽无力的一面。人物沙具的性别特征越明显，就越有性的意味。裸女沙具常常有性的意义，但也可以用于象征女性精神。

六、抽象物或符号沙具的象征意义

沙屉中均匀分布着的沙子，就是混沌未开的宇宙之气。气本身可以化生万物，所以即使没有沙具，单独用沙子也可以塑造出很多种类的东西。

沙屉架象征着时空，根据不同的设置，三层沙屉可以表示不同的时间或不同的空间。

灯光象征着阳光或象征着对自己的认识之光。相机象征着记忆。

线象征着关系联结、指向或范围等。圆环有时象征着自我的边界或象征一个整体。

太极图象征着阴阳两极构成的整体，重在整合。

第五节　沙具族性分辨略说

意象的族性，是意象对话疗法中的一个概念。

族性不是根据这个意象的外表形象来分的，而是根据其内在品质来分的。外表不同，但内在品质有共性的意象可以叫作同一族的意象。

沙具也是一样，各个沙具有不同的族性。

一个意象的族性的划分，可以从不同角度分为不同族。比如，我们可以把蜜蜂分入"太阳族"，也可以把它分到"爱的一族"。

一、太阳族

太阳族是带有太阳品质的一族意象。太阳族的意象都是来源于太阳的，所以我们

能从它们身上看到太阳的品质。

狮子、虎、豹、猫都是太阳族动物。狮子的毛色是金黄色，那就是金色阳光的颜色。狮子的头型偏圆，是类似太阳的形状。雄狮的鬃毛，仿佛是放射向四方的阳光。狮子的眼神炯炯有神，如同阳光。狮子的尖牙利爪，那种锐利如同烈日，有刺目的感觉。狮子的个性暴烈，如同烈日。狮子有王者气象，如同太阳在天空中照射整个大地。在狮子身上我们可以看到太阳的一切，但所有这些都不是绝对的判断标准，而是让我们认出狮子是太阳族的线索。就好比我们从儿子身上可以看到他与其父亲的相似性，就是我们识别出父子关系的线索。

虎也是太阳族。如果狮子像是照耀在旷阔草地上的太阳光，那么虎就是林中的太阳光。虎身上纵向的条纹，就是太阳光照在树林中的样子。虎的皮毛的金黄色是初生太阳的颜色，白色是正午阳光的颜色，黑色是夜晚阳光的颜色。虎的光彩是太阳炫目光彩的折射。

在昆虫中，蜜蜂是太阳族。除了同样的黄色、黑色和白色交替的颜色外，蜜蜂所酿的蜜，带着和煦阳光的温暖和甜蜜，而蜂毒的热辣则是夏日毒日头的滋味。蝴蝶也是太阳族，但蝴蝶是树林间在树叶的缝隙中投到地上的阳光碎片的化身。因为风吹树叶晃动，地上的阳光随之飘动，所以蝴蝶飞的样子才是那样飘飘荡荡的。

向日葵，不用说也是太阳族。我们从向日葵花的金黄色花瓣能看到太阳的样子，向日葵花盘的圆形也是太阳的形状。所以葵花籽作为食物，其性质是热性的，吃多了容易上火，这也就不奇怪了。在植物中，太阳花也是太阳族。

在沙屉中，同是太阳族的沙具互相之间有一定可替代性。也就是说，如果我想摆一个狮子，但是沙具中找不到狮子，摆一个向日葵也能少许表达出类似的意思。但是，这种替代远不如摆狮子表达得那么好。更常见的情况是，同族沙具可以同场出现，互相加强。

二、月亮族

月亮族是和月亮同族的意象。不同于太阳，月亮是阴性的。月亮代表感性的而非理性的，或者说代表的主要是情而不是知。但这么说也不精确，月亮也有知的一面，只不过它象征的更多的是那种直觉的知，更多的是原始认知和感觉运动认知。月亮有盈缺之变化，所以象征着多变。月亮代表女性特质而非男性特质。

月亮族的动物，都带有月亮的某种特质。比如，兔子是典型的月亮族，它看起来温和、柔顺。但实际上，兔子有时候急了，凶起来比太阳族的动物更狠。另外，兔子很狡黠，这种狡黠是月亮族的特质，根源于月亮的善变。

狐狸也是月亮族的，所以也同样有月亮的温柔以及多变、狡猾。狐狸的毛很柔顺，对应的是月亮的光不刺眼。

蟾蜍也是月亮族。蟾蜍可以产很多卵，象征的是女性的生殖力，也是月亮的象征。蟾蜍的生命历程有变态过程，小时候是蝌蚪，而后变成蟾蜍，这也对应月亮的变化。蟾蜍皮肤的坑洼不平，对应的是月亮表面上的环形山。

在植物中，最典型的月亮族是桂花。它的甜香的味道，不热烈、不强烈，和月亮的感觉很是一致。茉莉花也偏于月亮族。昙花更是明显地有月亮特质。

月亮族的神大多数都是女性。但在希腊罗马神话中，除了塞勒涅、阿耳忒弥斯等直接代表月亮的女性的神之外，酒神狄俄尼索斯也和月亮有关。他的那种疯狂和月亮的变化性有联系。

三、夜晚族

与太阳族相对的，除了月亮族之外还有夜晚族。

夜晚令人舒适的一面就是它象征着宁静、休息。但夜晚也有令人不舒服的一面，它象征着危险、恐怖和死亡。

夜晚族的意象，其颜色中一定带有黑色。与此相对，月亮族往往是白色。而所有颜色艳丽的则只有在白天才存在。

在夜晚族动物中，有很多让人恐怖的可怕的动物。比如，蝙蝠全身黑色，牙齿尖利，有些会吸血，而且带有病毒。狼是夜晚族，也是月亮族，同时还是大地族，它也具备夜晚族动物的那种尖牙和阴狠，以及月亮族常有的忧郁气质。蜘蛛也是夜晚族，它黑色的身体和夜晚可以很好地融为一体。猫头鹰是夜晚族，不过它那大眼睛则是来自月亮族的特质。

四、生命族和死亡族

生命族意象，就是饱含生命力的意象。在沙具中，象征新生的有婴儿沙具、巢穴

中的小鸟沙具、蛋的沙具、枝叶繁茂的树的沙具以及形态壮健的人或动物沙具，这些都可以归为生命族。

有些族本身就和生命的关系密切。比如，太阳是生命之源，水是生命之源，丰富的资源也是生命之源，所以太阳族往往同时是生命族（除非沙具是一个病虎之类的生命力弱的太阳族）。一部分和水有关的沙具也可以同时是生命族。比如，井常和生命有关，还有硕果累累的树，是丰饶一族（资源族）也是生命族。

有些动物与死亡的意义有关，虽然不能说这些动物就是死亡族，但是它们至少比较有可能是死亡族。

猫头鹰，是死亡哲学家。它之所以是死亡族，是因为它在用大眼睛"观看"死亡。

乌鸦，是死亡预告者。它并不带来死亡，只不过它心直口快，预知到死亡临近谁，就会去告知他。

秃鹫，是死亡获益者。它等待在那些将要死亡的动物和人身边，以便吞食死者的遗体，算是"遗产继承人"吧。

蛇、蜘蛛、蝎子等有毒动物，是死亡威胁。因为它们真的可能给人和动物带来死亡。在无毒动物中，如狼、鲨鱼、鳄鱼等，它们在个别时候也有死亡威胁品性。

甲壳虫或者蛆虫，是死亡的形象化表现。因为它们分解尸体，代表死亡就是分裂，以及坠落为更低等的生命形态。

那些枯干的植物，往往象征着死亡。因此，枯干族的意象和死亡族的意象常常是相互重合的。

五、四大元素族

地、水、火、风四大元素，可以作为族类划分的一个框架。

地族，是稳定性的象征，包括所有有稳定性的意象。

那些格外结实、坚固的房子就可以算地族。比如，牢固的城堡就是地族，而鲜艳轻盈的薄板房就不是地族。

沙具中的石头如果显得很重就算地族，而那些亮晶晶的小水晶石就不是地族。

犀牛、牛、乌龟等这些沉重有力而又稳定的动物都属于地族。

蜘蛛、蚰蜓、蝎子、蚯蚓等活动在阴暗地面或地下的动物，也多属于地族。

在人物形象中，那些强壮而硕大的巨人属于地族。如果他们穿着厚重的盔甲，拿着很重的斧子、锤子等武器，那就属于地族。神话中的泰坦一族就属于地族。

水族，是滋养性和感情的象征，也同时有流动的灵活性。所有具有这些品质的都算水族。

水中的动物的确多为水族。

比如，鱼类多为感情的象征，贝类也一样。在沙具中的贝类，是美感的象征，但这还是水族的特点，因为水族是更重美感的一族。

在陆地动物中，鹿和羚羊等也有水族的特征。陆地上的水族动物的眼睛比较清亮。

在植物中，水草不用说是水族。"参差荇菜，左右流之"，这荇菜就是典型的水族。不过沙具中一般没有荇菜。沙具中的水族植物最常用的就是莲花。莲花是非常典型的水族，可以用来象征如水的柔情。在中国传统文化中，莲花是爱情的象征，也可象征慈悲。

在人物中，护士职业往往近于水族，女性属于水族的比较多。

美人鱼是最重要的水族意象的沙具。

火族象征着活力、热力和激情。太阳也是火，因此太阳族同时也是火族。所有太阳族的动植物和人物沙具都属于火族。

但火族不限于太阳族，因为除了太阳之外，还有其他的火。比如，沙具中的火炉、壁炉就是火族意象，但不是太阳族。

火山不属于太阳族但属于火族。

在植物中，辣椒属于火族。中医里所有那些热性的植物也都属于火族——不过这些植物在沙具中比较少。

在人物形象中，火族人沙具会有红色的服饰，其头发可能会像火苗一样向上，其表情比较激烈。火神、雷神都是火族。哪吒、红孩儿也都是火族。

风族象征着自由、洒脱、飘逸等品质，是灵动性和精神性的象征。

鸟类多少都有风族的特性，尤其是那些显得更轻盈的鸟。带有真羽毛的沙具更有风族特质。

俊逸的马，特别是跑起来的马的样子的沙具，属于风族。

在器物中，旗子、风筝、飘带等，属于风族。

中国传统文化中的"仙人"意象及其沙具，都带有风族的特点，象征着精神的自由。

六、资源族

资源族沙具，象征着资源、财富，是丰饶感的载体。

果实类沙具，是最典型的资源象征。颜色鲜艳、数量多，丰饶感就更强。

谷物类沙具，也是资源象征。饱满的谷穗、玉米或其他作物的沙具，都属于此族。

食物类沙具，如放着摊鸡蛋的小盘子沙具等，虽然可以直接食用，但不是最强的资源象征。蛋糕，固然是资源族，但更常是浪漫感觉的象征或者恋爱的象征。

动物沙具，资源族的比较少，原因是动物沙具放在沙屉中，往往被当作人的性格特点来理解，而不大会被看作食物。比如，在沙屉上有一只羊，往往是为了表示这个人性格中有温顺、老实得像羊的部分，而不是表示他可以有羊肉吃。

厨房沙具可以代表资源丰富，所以可以算资源族沙具。

第十二章
沙屉中的其他问题

第一节　绳子或丝带的运用

在沙屉中会准备一些有色彩的绳子或丝带，这些绳子或丝带可以看作沙具，也可以看作备材。

绳子或丝带在沙屉中有其他沙具所不具备的功能。

绳子或丝带可以将一些原本在心理上分离的沙具连接在一起，并把它们组建成一个整体，使得它们彼此之间开始有了力的相互作用与能量的流动。

在"理解沙屉的'层'"那一章中，我们提到过，有些沙具会构成一个整体。那一章所说的构成整体，是指有几个沙具通过其意义的关系、相互之间有力的作用和能量的流动，从而构成一个无形的整体。

而由绳子或丝带构成的整体与上述情况是不同的。有了绳子，即使原来没有明显的力的相互作用或能量的流动，也可以被构成整体，在构成了整体之后，就有了力的相互作用和能量的流动。

我们用现实生活中的一些例子来说明一下。

比如，我们看到有几百人在爬山，其中有四五个人穿着同一个学校的校服，这四五个人时而会互相看一眼，偶尔还会互相说几句话。其中一个人摔倒了，穿着同样校服的另一个人会扶起他。这四五个人就是一个"无形的整体"。

而如果有几百人在爬山，其中有四五个人拉着同一条缆绳，那这四五个人就是一个"有形的整体"。即使这四五个用绳子连起来的人，并没有互相看，也没有互相说话，只是各自爬各自的，甚至即使他们彼此都不认识，他们之间也会有力的相互作用和能量的流动。

再举一个例子，在一个公司里，因共同利益而组成的小团体就是这个公司中的"无形的整体"；而在这个公司里，被不同的科室所圈定的财务部团队、市场部团队、技术部团队、人力资源部团队等就是这个公司中的"有形的团体"。通过把原本没有心理连接的人们分配到同一个科室里，原来这些"互不相干"的人就开始变得"息息相关"了。

除了以上所说的"团体"意义之外，绳子或丝带还可以让某些特定的关系变得一目了然。

　　我们会发现，沙屉中的沙具所呈现的是沙屉摆放者的心理现实，往往与现实关系并不一致。但实际上，现实中的契约关系对沙屉摆放者的影响也非常巨大且深远，这个部分将如何被表达出来呢？这时候，我们就要用绳子来表达现实中的契约关系，如婚姻等。

　　以上就是绳子或丝带在"关系"中的标识与表达。

　　除了以上说到的"团体"和"关系"的标定这两种情况外，绳子或丝带在沙屉工作中的另一个常见用途是"帮助"。这也是沙屉对意象对话疗法中的"帮助"技术的应用之一，是在沙屉的心理转化与干预过程中使用的。

　　例如，一个沙屉中出现了一个弃婴沙具，这时候来访者如果认同了这个弃婴沙具，就会有一种泛化的无助感和绝望感，他在主观感受上会真的感觉"全世界都没有一个人会帮我""我一无所有""我在这个世界上是多余的"，因而进入一种非建设性的情绪沉溺。在这样的时刻，如果心理咨询师建议来访者在某个有资源的沙具（如某个比较有爱心的女子）与这个弃婴沙具之间连上一条绳子，那么在这个弃婴与有资源的成人之间，就建立起了一个心理关联，这时候来访者的情绪沉溺就会被这样的意象所打破。

　　有些时候，如果刚好在同一层沙屉中出现了这个弃婴的妈妈沙具或者爸爸沙具，就会更好，我们可以建议来访者找一条红丝带来连接这个弃婴和他的妈妈或爸爸。在实操中我们观察到，当这条红丝带被连接上之后，来访者内心通常都会受到一种建设性的冲击，内心深处血脉相连的本能依恋的心理能量就会被激活，并开始在弃婴与妈妈或爸爸之间流动起来。

　　如果是咨访关系沙屉，帮助的功能则会体现得更为明显。例如，在某个来访者所摆放的沙具中有许多代表人格碎片的部分，而这些部分都来自这个来访者在婴儿早期时的创伤，这些部分正在被呈现，却一时半会儿无法被整合进入来访者的整体人格中。这时候，如果心理咨询师放入一个能象征好妈妈的沙具，如一个用泥土做的大母神沙具，然后用一条柔软的丝带把所有这些来访者的"人格碎片"都围成一个圈子，那么不需要任何语言，来访者也会即刻感受到一份来自心理咨询师的接纳和包容。这样来访者就不容易被这些混乱的人格碎片所淹没、压垮，而是可以暂时安顿下来，给自己一个转化的时间与空间，在之后的工作中慢慢地一步步地与那些人格碎片及其携带的早期创伤接触。

　　从上述例子中我们大致看到，绳子或丝带的存在就是这样影响到力的相互作用和能量的流动的。除了上述这些功能之外，拉直的绳子可以作为测量工具，用来标志出

某个"指向"。环绕的绳子可以标志出一个区域，并把一些沙具围在其中。这些功能在本书中就不做赘述了。

值得一提的是，绳子或丝带的颜色是有心理意义的。因此沙屉中所用到的绳子或丝带会包括各种颜色。这样，沙屉摆放者可以根据自己的感受去选择相应颜色的绳子或丝带去表达自己的内心世界。

在现实世界中，远古某个时刻，人类发明了绳子。这个发明大大增进了人类互相帮助的能力，也大大增加了人类在大自然中的行动能力。如果一只猩猩掉到了山崖半截，另一只猩猩伸手拉不到它，就只好放弃帮助。但是人类有了绳子，就可以帮助同伴。有了绳子，人可以爬上高高的悬崖，下到深深的山谷。有了绳子，人可以把东西绑在身上，而腾出手来做其他事情；或者可以用绳子把敌人捆起来，而不需要自己一直按住敌人。绳子可以把尖锐的石刀绑在木棍前，构成一支箭，让自己的攻击距离胜过老虎和豹子等。因此，沙具中也应该有绳子，才能提升沙具的功能。

第二节　彩色小瓶子

还有一种特别的沙具，是小小的、透明的、有盖子的小瓶子。最好用的，是那种放置注射液的有橡胶盖子的玻璃瓶。在这些瓶子中放入不同颜色的水，就构成了彩色的小瓶子。

这种沙具的作用，是单纯作为颜色的标志物。

其他沙具也有颜色，如有个人物沙具可能穿着红色的衣服，有个树沙具是绿色的……但是在这种情况下颜色并没有被单独呈现，只不过是某一个沙具所携带的一个情绪品质。

彩色小瓶子就单纯代表情绪的颜色。

单纯的颜色，可以用来象征不同的情绪。各种颜色都有不同的情绪功能。比如，红色可以象征热烈、激动、兴奋、愤怒；绿色可以象征平静、安宁、生长，或者嫉妒；蓝色可以象征静谧、冷静、开阔；等等。

这些象征意义都是人类先天就确定的，不需要后天学习。从进化的起源来说，可能是几十万几千万年的进化中的积累。比如，绿色之所以象征平静，是因为它是绿色的树林和草地带给人的感受。蓝色之所以象征冷静或开阔，是因为它是蓝天或者海水给人带来的感受。而红色是火，是血液的颜色，象征着热烈和兴奋等。

颜色的意义非常微妙，大体相同的颜色只要稍稍有一点颜色差异，就可以在意义上有很大的改变。比如，蓝色是平静的，但是如果蓝色稍有浑浊，就有可能会变成令人恐惧的颜色。因此，我们可以准备多种不同颜色的瓶子，甚至可以准备一些空瓶子，让来访者用颜料调出最适合表达自己的情绪的颜色，并把彩色水装到瓶子里，放入他想表达情绪的那个区域里。

通常，我们会鼓励来访者清晰地识别和表达情绪，但同时会提醒他们不要让情绪泛化。因此，在实操中，我们往往会结合绳子或丝带的使用，让来访者给这种情绪的波及范围以一个清晰的边界。通常情绪是什么颜色的，绳子或丝带就是同色系的（其颜色的深浅可以根据来访者自己的感受来选择，这些也有分析价值），这意味着这种情绪并没有被转化成其他继发的情绪。

如果我们发现来访者的瓶子是一种颜色，而绳子或丝带却变成了另一种颜色，那么我们就要意识到，这可能意味着原发情绪被下意识地转化成了继发情绪。时机恰当的时候，我们就需要和来访者展开讨论。例如，一位来访者在一片绿洲对面的沙漠中放置了一个灰白色的瓶子，却把一条黑色的丝带放在绿洲与沙漠之间。当我们深入讨论后才理解到，那片沙漠代表来访者一个人时的内心世界，那片绿洲代表着来访者的外部生活——表面上朋友众多，生活丰富多彩，事业发展充满希望，但每当她一个人回到住处，那份心里空落落的一无所有的荒凉感就席卷而来。那个灰白色的瓶子，表达的就是来访者心中的那份灰暗、失落、苍白、缺乏存在感和生命力的悲哀感受。而黑色的丝带，就像一堵无法穿越的墙壁，把她的外部生活中的光鲜亮丽与内心的苍白荒凉割断了，那黑色是带着隐隐恨意的绝望——而它正是从那灰白色的悲哀中衍生出来的——因为悲哀会让她自己感到更加无力面对世界，因此每当需要出门面对世界的时候，她都必须像虐待自己一样拼命打起精神，把悲哀、无助狠狠地压抑下去，这样带着隐隐恨意的绝望会给她带来很多现实的好处：首先，隐隐的恨意让她自己有了力量感去应对世界；其次，这种绝望感让她自己很豁得出去，因此在别人还瞻前顾后犹豫的时候，她已经得到了许多机会，做事也显得比别人更有魄力……

从以上的例子中我们可以看到，彩色瓶子对于情绪的识别和表达来说是非常直接而有力的。这也是沙屉对意象对话疗法中"情绪标定"的应用之一。

第三节　沙屉结束后的复原

一个完成的沙屉是来访者制作的一个人生作品。这个作品就是他的心、他的自我的象征，其中存储着他的心理能量，凝结着他的心血，更展现着他的人生。

因此，来访者对自己所做的沙屉会有本能的认同感。在某种意义上，他会觉得这个沙屉就是他自己，而对这个沙屉的破坏，就是对他自己的破坏。

因此，在一个沙屉做完之后，如果我们在来访者面前把他精心制作的作品拆除，放回沙具架，把沙子抚平，或者把沙子放回储存沙子的箱子中，并把沙屉打扫干净，来访者可能会对此感到愤怒或伤心。因为一旦他把沙屉认同为他自己，那么心理咨询师复原沙屉的这个现实操作从象征意义上就会让他感到这仿佛是把他的生活全盘毁掉，让他生命中的一切变为乌有。考虑到这一点，在使用沙具做心理咨询时会规定不要当着来访者的面拿走他的沙具，要等到来访者离开心理咨询室之后，心理咨询师再拆除他的作品。

但是沙屉技术并不这样规定。之所以不这样规定，是因为沙屉的价值观源于中国传统文化价值观。

一、沙屉技术的基本价值观

（一）生死不异

沙屉的摆放过程，在象征意义上是"生"，而拆除过程，在象征意义上是"死"，所以有些其他流派的做法，就是不让来访者自己拆除，从而不让来访者感觉到"死"的威胁。

沙屉的价值观，则不是如此。我们认为生和死都是自然的一部分。我们爱生命，我们也接纳死亡。"生者为过客，死者为归人。"沙屉的拆除过程，又叫作复原过程。

（二）促进觉醒，而非植入信念

作为意象对话体系一部分的沙屉技术，同样追求的是意象对话疗法的基本目标

"觉醒"，也就是让来访者看明白自己的内心，从而在生活中能够"活得明白"，而不是按照潜意识中的"命运脚本"糊里糊涂地生活。

一个人之所以会作茧自缚，不能从心理冲突中解脱出来，就是因为他们在过去的人生中被植入了一些僵化的信念。他认同了这个信念，就会受到这个信念的束缚。例如，一个女孩子认同了"女性是弱者"的信念，就会认为自己就是弱者。沙屉的目标，就是让她能明白，这个"女性是弱者"的信念并不是真实正确的，从而让她从这个错误的信念中解脱出来。

在某些使用沙具的心理疗法中，心理咨询师被禁止当着来访者的面去拆除沙屉，那是因为心理咨询师不愿意让自己的这一行为损害咨访关系或给来访者带来心理创伤。但是"沙屉＝来访者""沙具被放回原处＝来访者被'杀掉'"这个一对一的象征不仅在现实世界中不存在，而且即便是在象征的世界中，也不是这样的。当一个心理咨询师特别当真地不敢去拆除来访者的沙屉，就仿佛在强化这句话的真实性，从而把本来很荒谬的一句联想，变成了让来访者真真切切地觉得："哎呀，原来拆掉沙屉是这么严重的一件事呀！太可怕了！幸亏心理咨询师告诉我，要不然我还没意识到！"这样对来访者的"人本"和"保护"，从沙屉的价值观视角看来不仅是不必要的，而且还和促进来访者的真实觉醒、提升智慧是相违背的。

而且，从沙屉视角来看，心理咨询师主动强化这个关联还可能会带来一系列后遗症。例如，如果来访者以后看见某个自己用过的沙具被损毁了，他会当真地觉得自己的一部分被损毁了，这样其实对来访者的现实感是有损害的；如果哪一天来访者偶然看见其他人做的沙具作品（很多来访者自己会买书、参观相关工作坊等），他会觉得自己的一部分被别人剥夺了、控制了或利用了。这从沙屉技术视角看来是一个被制造出来的"心理沾染"。因此，沙屉技术不会认同和沿袭这个目前被当成标准的"心理咨询师不能当着来访者的面拆除沙屉"的规则。

二、沙屉操作的基本原则

也就是说，如果来访者本来并没觉得沙屉复原了就意味着他自己"死"了或者被毁了，那么心理咨询师也没必要对此做一个画蛇添足的反应；如果来访者在潜意识里已经把沙屉认同成了自己，而他还没有意识到，那么心理咨询师就可以帮助来访者意识到这一点，并带着他做一个"去染"，来分辨心理象征与现实世界的不同；如果来访者已经知道"心理咨询师当着来访者的面拆除沙屉，就意味着毁掉来访者的自我"这

个观念，沙屉咨询师就需要和来访者讨论这个观念，并将这个观念解除。

沙屉的基本操作原则如下。

第一，现实感原则。心理世界就是心理世界，现实世界就是现实世界。在现实世界中，沙屉这个工具被用来表达来访者的内心世界，之后再被复原，并不意味着来访者会被"毁掉"。来访者是他自己的作品的创造者，而不等于某一个作品本身。

第二，平常心原则。沙屉被摆放出来，然后被复原，再被摆放出来，再被复原……如此循环往复的过程，就好像一个人心中总会有某一个念头生起、灭去，下一个念头又生起、灭去。如此而已，平平常常。这个自然的此消彼长的过程并不会给人带来什么灾难化的后果，只会给人带来创造和成长的自由空间。

第三，借假修真原则。沙屉、沙具、屉沙等，这些只是人用来表达自己内心故事的道具而已。通过摆放沙屉，来访者可以借助假的道具，真实地触摸和理解自己的内心，这才是道具存在于心理咨询与治疗中的意义和初衷。但这个过程并不会让道具变成活人本身。

基于以上的基本价值观和基本操作原则，对于沙屉该如何复原的操作过程，我们会灵活地根据不同情况做出不同的选择。

如果来访者不喜欢看到自己的沙屉被复原，那么象征着他还不能面对象征性的死亡。如果在这时候沙屉工作的时间到了，那么在这一次我们也可以让他先离开，然后我们的工作人员为他完成复原。在下一次沙屉工作中，我们也许可以和来访者讨论他不愿意看到自己的沙屉被复原的心理意义。

如果来访者愿意看着自己的沙屉被复原，那么我们也可以当着他的面做这个复原。如果时间充裕，我们可以请他表达观看这个过程的感受；如果时间不够，我们也可以就这样结束这一次工作。

更加理想的做法是让来访者自己动手来完成复原的过程。请他带着觉察，在心理咨询师的见证下亲手把沙具一件件放回置物架上，亲手把沙子抚平并放回到储藏沙子的箱子里，并把一切都打扫干净或归位。如果他真的带着觉察体会这样的一个过程，他会发现这个过程是能够触动人心的——这个过程能够帮助他真正从内心中去面对和接纳"人是必死的"这个自然规律，从而逐渐与死亡和解；在这个过程中，也许他会体会到一种"空"，从而启发他产生一些哲思，甚至产生一些超越性的领悟。

不过有一点要注意，"来访者带着觉知，自己复原"是需要一定条件的。这个条件就是来访者的心理状态是健康的。如果他的心理不够健康，死本能比较强，那么当心理咨询师这样做的时候，来访者的死本能会被激发，于是他可能会进入一种不健康的冷漠状态中。他自以为有所领悟，但是他所领悟的理念将会是有问题的。抑郁症患者尤其容易有危险，所以不到一定阶段，心理咨询师通常不会让抑郁症患者自己去复原。在个别情况下，心理咨询师经过评估，认为可以让他们自己复原，或者咨询的进程刚好需要这样的扰动，那么心理咨询师就需要留出足够的时间来对此进行心理转化的工作。

还有一种工作方式就是，在开始摆放沙屉之前，心理咨询师就和来访者说明沙屉将会如何复原，如果来访者接受，那么结束的时候就很自然地按照设置进行复原了。心理咨询师也可以在沙屉开始被摆放之前，就和来访者共同讨论沙屉将会被如何复原。在这个过程中，两人可以预先对沙屉复原的象征意义做一个准备工作。

第四节　盲选、盲摆、暗选和暗摆

盲选、暗选和盲摆都是沙屉独有的技术。其目的就是帮助潜意识更好地呈现到意识域中。

一、盲选

所谓盲选，就是在选取沙具的时候，让来访者蒙着眼睛或闭上眼睛去"瞎"选。

在实际操作中，在来访者盲选的时候，可以有一个人在旁边辅助，这个人叫作"导盲员"。导盲员的任务是把来访者引导到置物架旁，不让他撞到置物架或者其他东西。来访者蒙着眼睛或闭着眼睛去置物架上选取沙具。

来访者在盲选沙具的时候可以凭感觉（或称直觉）去选取沙具。他可以用手扫过置物架，在哪个位置上感觉到有异常，就在这个位置上取沙具。取到手上的那个就是他盲选的沙具。

如果沙具经过盲选被取到手上，来访者接触到了沙具但感觉它不是自己想要的，也可以让导盲员把这个放回去，再重新选。这时候导盲员需要记住这个沙具，因为这个沙具也是在潜意识中和来访者发生了心理关联并被拒绝的沙具，因此也将在合适的时机被讨论、分析。通常，这个被来访者盲选到，然后又被弃选的沙具，会代表着来

访者心中不被接纳的那些部分。来访者之所以拒绝要它，是因为这个沙具在有意无意之间，唤醒了来访者心中不愿意给予心理位置的一些特定的心理内容。如果时机恰当，来访者可以在有意识的情况下看这个沙具，甚至如果来访者愿意的话，他就可以把这个沙具握在手中去体会和它建立心理连接的感受。在临床工作中我们发现，这个过程通常会非常触动来访者，有些来访者会借助这个沙具意识到自己心中一直不被看见的"弃儿"，或看见自己原来对某个生命中的重要人物有如此强烈的排斥或恐惧。而这样和被意识屏蔽、割掉的部分重新做一个连接，也是意象对话疗法中的面对和接纳技术在沙屉工作中的应用。

需要注意的是，正因为被弃选的沙具很可能对来访者有强大的心理触动，所以心理咨询师在和来访者碰触这个话题之前，需要对来访者当前的心理承受力和人格状态做一个评估。如果拿不准来访者会不会心理崩溃，那么就暂时搁置这个工作。等到咨询工作进入某个阶段，来访者的心理承受力和人格状态合适的时候，心理咨询师再和他讨论这个问题。

在沙屉实操中，可以一次只盲选一个沙具，也可以一次盲选多个沙具，随便放入哪一层，在特殊情况下还可以全部盲选。盲选的设置要根据来访者的心理状态、咨访关系、咨询进程、当前所面临的心理主题等灵活把握。由于这本书是关于沙屉技术的第一本入门书，因此就不在这本书里详述了。

盲选技术的作用，有如"抽签"或者在扑克游戏中的"抽牌"。一方面它很容易感应到来访者在现实生活中的"运气"；另一方面它可以让深藏在潜意识之中完全不被来访者自己所知道的心理内容，通过盲选中的偶然选择而有机会钻个意识的空子浮现出来。这些心理内容也许被深深压抑，如果没有盲选，来访者也许就永远不会选择这些沙具。即使我们将下层设置为代表潜意识，如果来访者不盲选，那么他看到这个沙具也不会认为它和自己有关。但有了盲选的方法，这些沙具就会被选中，从而让这部分心理内容得以呈现。通常盲选不但会把咨询带入一个相当于"无意识"的心理深度，还会让心理咨询师和来访者双方真正体验到"共时性""共构性""感应"等很难被意识层理解的自然心理现象。

二、盲摆

来访者可以在睁开眼之后，把盲选的沙具摆放在沙屉中，这就是常规的"明摆"；也可以闭着眼睛把它们安置在沙屉中，摆放完之后再睁开眼睛，这就是"盲摆"。不过来访者在睁开眼睛之后就不要再移动这种盲摆的沙具的位置了。在实操中我们发现，很多时候，来访者在看到被盲摆的沙具之后，会产生不满意、别扭或遗憾等情绪感受，这时候恰恰是一个好时机去和他的潜意识内容接触，心理咨询师通常可以带着敏感和共情去询问与镜映来访者，以便在这个过程中让来访者心中已经被激活却没有被意识到的心理内容被看到、接纳和理解，而无须被强行改变或扭曲。这个过程对于那些部分将会是一次很好的疗愈。

在沙屉的实操中，我们可以在更具体的设置上灵活把握这一次沙屉工作需要在什么程度上使用盲选。比如，我们可以规定在每层沙屉的摆放中，前三个沙具是盲选的；或者相反，每层的最后三个沙具是盲选的；我们也可以规定，中层和上层沙屉的沙具不盲选，下层沙屉的沙具需要盲选；我们还可以不做这些具体的规定，而是让来访者随机盲选；等等。

如果条件允许，在按照本我、自我和超我内容来摆放沙屉的时候，下层沙屉就是本我层，用盲选来选择所有沙具，甚至全部盲摆下层沙屉是可以更为准确地表现本我的。

三、暗选和暗摆

如果盲选和盲摆操作起来不方便，或者虽然来访者有了一定深入探索无意识的能力和强烈的意愿，但是心理咨询师经过评估认为，目前来访者的心理容器和人格状态一下子接触太深的无意识内容未必非常稳妥。在这种情况下也可以有一种替代性方法，叫作"暗选"。

所谓"暗选"，就是在来访者选择沙具的时候，把房间中的照明度降低，让屋子里变得很暗，以至于来访者看不清楚沙具的细节。让来访者在这种暗光的情况下选择沙具，或摆放某个区域的沙具。

所谓"暗摆"，就是让来访者在暗光的情况下，把选来的沙具摆入沙屉中。

暗选和暗摆，都是通过对灯光的调控而实现的。之前我们说过，光是沙屉工作的一个重要元素。因为光具有看不见、摸不着，却遍布一切空间的特征，使得沙屉技术非常看重光的心理分析价值。光就像一种深深印刻在一个人潜意识里的人生早期的家庭氛围。它看不见、摸不着，却又无处不在，把一切都染上了它的气息，作为一种主导背景对发生的一切事件和体验产生着影响。同时，对于长大成年的我们来说，光也是意识的象征物——只要亲眼看见的，它在意识世界里就是实在的；只要眼睛看不见

的，它在意识世界中就不被承认存在。因此，光的明暗会直接影响着沙屉摆放者的意识参与程度。如果我们想要给潜意识内容一个更包容的表达空间，就可以把光调暗，请意识的审视暂时退场；如果我们需要帮助来访者增强现实感，我们就可以把光调亮，这样无须我们提醒他，他的意识就会直接告诉他："那些只是你的想象，只有眼见的才为实。"

例如，在按照本我、自我和超我内容来摆放沙屉的时候，就可以在摆放下层沙屉的时候，把屋子里的灯光调暗，用厚窗帘遮蔽阳光，从而构造暗光背景。当摆放中层和上层沙屉的时候，再把光线恢复正常。

四、盲选、盲摆、暗选和暗摆究竟靠谱吗？

有人可能会怀疑说，这样盲选的沙具真的能反映来访者的心理吗？会不会盲选出来的只不过是一些偶尔的、随机的沙具，和来访者的心理并没有关系？我们的回答是：如果只有个人意识层的内容才算是这个人的心理内容，那么以上疑问是合理的。

但沙屉并不是一个仅仅在意识层去做工作的心理咨询方法。相反，沙屉是用来在潜意识层工作的心理咨询方法和工具。这就意味着，我们同意弗洛伊德、荣格以及所有心理动力学派的基本出发点，即意识对于一个人的心理来说仅仅是露出水面被看见的冰山一角，而那些不被意识所看见和容纳的潜意识内容，才会变成这个人无法主宰和掌控的部分。而沙屉正是立足在这样一个理论基点上被创造出来的心理咨询工具，所以沙屉咨询所使用的原始认知和远古认知正是潜意识的两套语言，也恰恰是意识层那点只局限于"冰山一角"的智能所无法理解的。

所以，我们不和意识辩论。我们只是怀着一份对无意识的谦卑，谨慎地实践。在已有的实践中我们发现，这些盲选出的沙具及其摆放的情境绝大多数都能很好地反映来访者的潜意识心理，不仅不是没有关系，而且大多都比明选、明摆的更符合来访者的真实内心情况，因此往往给来访者带来更刻骨铭心的启示。同时，当心理咨询师参与这些盲选、盲摆过程的时候，他们总是会被来访者的沙屉所深深地触动和打动，并产生更深刻的领悟。

但如果我们有经常和潜意识打交道的经验，或者我们具有良好的直觉，或者我们仅仅有一双像孩子那样纯真的眼睛，我们就不难理解暗选、暗摆这样的设置，既不像盲选、盲摆那么直接地碰触无意识的内容，也不像明选、明摆那样有非常多的意识层在参与和控制潜意识的呈现过程。因此，对于有着较好的成长基础，同时有着很强的意愿进行更加深入的心理成长的沙屉摆放者来说，暗选、暗摆都是比较理想的选择。

对于盲选、盲摆，我们鼓励具有资质的心理咨询师酌情使用。因为作为整天和沙屉、沙具、意象、潜意识、象征等打交道的他们来说，探索自己的阴影和盲点就更加困难，因为心理咨询师所有的咨询功夫，都可以变成他们的心理防御。而通过盲选、盲摆，沙屉咨询师的防御就很容易被穿越和破解了。

第五节　沙屉的伦理等相关议题

沙屉技术用于心理咨询的时候，当然要遵守所有相关的法律法规以及心理咨询的普遍伦理规范。沙屉技术作为意象对话的一个分支，也需要同时遵守意象对话的伦理规范。

一、保密原则

保密原则（包括保密打破原则）是心理咨询和意象对话中的一个基本伦理原则，所以沙屉技术当然也要遵守。不过在具体操作上，沙屉技术和其他心理咨询技术相比，还是有些更具体的要求。

（一）来访者想让除了心理咨询师以外的他人看见沙屉，可以吗？

其他一些疗法会认为，哪怕是未成年人，心理咨询师有义务与家长或学校沟通，尽量不要让父母、老师或亲友去看来访者的作品，尤其是在早期阶段；即使来访者自己愿意给父母、老师或亲友看，心理咨询师也应该阻止。使用这些疗法的心理咨询师会担心，如果早期的作品给来访者看了，就会影响后来的呈现，使得深层的心理不再容易显现出来。

但沙屉技术不认为需要把这个当作伦理的规则。固然，让别人看了自己的作品，也许会让这个沙屉的摆放者觉得自己的沙屉成了"别人能看到的"东西，因而有可能让他以后在表达中有所保留。但是，如果来访者愿意给别人看，那么让别人看这个事情并不一定都是破坏性的——如果让别人看的过程是有觉知的、符合自己当时内心所

需要的，那么这样分享的方式也会给来访者带来建设性的心理收益，而这个心理收益的价值可能会大于不给别人看的情况。更何况，来访者愿意在多大程度上在关系中去表达他自己，对其自身也是有意义的。这就好像说，如果来访者愿意告诉心理咨询师某些心里话，如果他自己觉得也想让其他人知道，这也是他自己的自由。心理咨询师并没有权利成为来访者秘密的唯一持有的他者。事实上，有些心理问题的产生恰恰是因为来访者需要向其生活中的他者表达，需要被他们看到和理解，然而却受到了阻滞。在这种情况下，来访者的沙屉恰恰可以成为一种带着情感和直觉的表达使者，把来访者想要被他人看到和听到的内容更好地传达给他想要传达的人。来访者的心理内容想要被谁看到和听到，这一选择权可以给来访者，心理咨询师不必过度保护。

当来访者想要给别人看沙屉的时候，心理咨询师在以下两种情况下是需要建议来访者不要给别人看沙屉的。第一种情况是，来访者并不知道自己的一些不愿意被别人知道的秘密已经暴露在沙屉中；第二种情况是，来访者本来就有人际边界问题，以至于过度自我暴露本身就是他的心理症状之一。一般来说，对于前者，心理咨询师需要提醒来访者，如果他把沙屉给别人看，可能会让别人产生误解，从而给自己带来不想要的结果；对于后者，心理咨询师需要以共情的态度和恰当的方式向来访者指出，这个沙屉被别人看到可能给他带来的后果。这两种情况共同需要的工作是，心理咨询师要把来访者想要让别人看到他的沙屉这个欲望纳入心理分析和讨论中，帮助他从中理解自己：为什么我需要让除了心理咨询师以外的他人看到？我想让谁看到？我想让他看到什么？我期待他看到以后会有什么反应？他的反应对于我来说意味着什么？等等。通常，当来访者和心理咨询师就这些内容进行工作后，一部分来访者就会自然而然地放下了想要把沙屉示人的冲动——而这样的心理转化，既不是因为心理咨询师或某些必须遵守的外部规定所带来的妥协，也不是因为他必须通过和心理咨询师共同保守一个秘密而向心理咨询师表达忠诚，确定心理咨询师对自己心理世界的共享特权，他更不需要对"幸亏心理咨询师保护了一个我这样无知的小孩"而感激涕零，从而更加依赖心理咨询师去告诉他他的心理边界应该被划定在何处，而是因为，他通过这个示人的欲望被看到和理解，从而对自己产生了更深的理解，对外部世界、对自己可能的反馈有了更多的预见，也因此对自己与外部的互动模式、自己的心理边界更有觉知。

（二）沙屉可以拍照记录吗？

对于沙屉是否可以拍照记录这个问题，心理咨询师的基本原则是只要来访者充分地知情同意，甚至来访者自己希望能够通过拍照记录下一些他感觉有意义的瞬间，以便自己回去之后以他者视角来看看自己，那么拍照也并无不可。但是如果来访者觉得拍照可能会干扰自己，就不要去拍照了。这个内容在沙屉咨询正式开始之前就要被明确讨论。如果在沙屉摆放过程中，来访者想要改变自己之前的决定，那也没有问题。"拍照"故事的发展变化本身，也会被看作一个非常重要的与"看"有关的隐形故事，被纳入沙屉工作中。

在沙屉咨询中，比摆出来的沙屉更重要的是那些隐形沙具及其相关的故事。这些在沙屉里被摆出来的"人生"，与现实中此时此地的"人生"相互交织在一起，成为一个时间与空间的立体存在。因此，在来访者摆放沙屉的过程中，心理咨询师不需要特别禁止某些现实事件的发生，来保证被摆出来的沙屉的"绝对纯净性"。相反，正因为这些隐形沙具的参与会允许心理世界中的发生与现实世界中的发生更加同频，因而也使得听起来很神秘且罕见的"共时性"会在每一次沙屉中发生，而来访者也将会因此更有机会获得更深刻、更完整的领悟。

在实际操作中我们发现，通常来访者在做了一段时间沙屉后，会越来越留意到"他者视角"为自己带来的价值。有时候有些来访者会主动提出让心理咨询师在他摆沙屉的过程中随时用镜头来记录下一些值得被看见的瞬间；有些来访者甚至希望全程录像，以便于自己有机会以他者视角来重新看一遍整个过程。的确，并不是只有最后显现出的那个沙屉才是有记录价值的，在沙屉摆放的整个过程中所发生的一切都有价值，所以如果在来访者自愿并且不干扰来访者的情况下，拍照或者录像并无不可。但是，这些影像材料一定要妥善保管，就像所有心理咨询的记录一样。

（三）其他典型情况

对于沙屉的分析结果等这些需要保密的内容，心理咨询师必须妥善保存并做好保密措施。如果所有有意义的信息都被记录下来，那么这些信息将是海量的。因此我们并不鼓励那种"逐字稿"一样的详尽记录，而更推崇纲要性的记录，加上一定量的具体信息作为补充。

如果是做团体沙屉，则一个人在这个过程中所做的，对于团体中的其他人来说将是不可能保密的。但是我们可以要求团体成员，"不要把团体活动中所发现的事情告诉团体之外的人"，并且签署保密协议。但是我们同时也要提醒团体成员，"其他成员可能未必百分之百地遵守保密承诺，所以在团体用沙具来表达自己，也需要一定的自我

保护意识"。这样的话，参与者可以避免泄露自己深层的秘密。

二、沙屉的复原等议题

之所以把沙屉的复原在伦理议题中提及，有一个现实原因——许多沙屉的学习者和使用者早先是受到沙盘训练的。在本书开头已经介绍过，沙盘疗法也是沙屉产生的重要源头之一。因此，在感谢沙盘疗法对沙屉的重要启蒙作用的同时，我们也不得不对某些重要的差异做一个区分，以便学过沙盘治疗的心理咨询师能够在使用沙屉的时候，减少可能带来的操作混乱。

例如，沙盘会把"心理咨询师不要介入和影响来访者的沙盘作品"作为一个伦理规范。这条规范背后有一个基本假设，就是"如果心理咨询师对来访者不施加影响，来访者的沙盘就不会受到心理咨询师的影响，这个沙盘会更真实、更自然"。但是沙屉技术不认同这个假设。沙屉技术认为：心理咨询师的在场一定会对来访者产生影响。无论心理咨询师认为自己有没有对来访者施加影响，也无论心理咨询师做什么还是什么都不做，只要在咨访关系中呈现的沙屉，一定是心理咨询师与来访者的意识与无意识都共同参与和创造的产物。心理咨询师关注的不是自己应该做什么或应该不做什么——心理咨询师关注的是，当下的两个人正在发生着什么。

沙屉不相信心理咨询师可以凭借着自己一厢情愿的操作，而让自己对另一个人没有影响力。不要说在现场观看的心理咨询师了，就连死去的人、神话中的人、不在场的亲人、沙具的制造者等，都会介入和参与到这个沙屉中，来表达他们自己是如何影响来访者的。更何况，每一个来访者都不是在真空里长大的，一个自然的生命，正是在种种"外来干扰"下慢慢形成他的自我、他的人格的。因此，心理咨询师的工作不是去帮助来访者排除这些所谓"外来干扰"以便让他能够成为真实的自己，而是通过来访者在各种自然发生的人际情境下的反应和表达，去全方位地看见和理解他，并和他一起探索这些有意义的事情。

再如，心理咨询师会把"不能让来访者拆掉自己的沙盘"当成一个伦理的规范，甚至有相当一部分权威的心理咨询师会把这一条当成一个非常明确和严格的禁忌。几乎所有经过正规训练的心理咨询师都知道这样一个著名的案例：沙盘创始人多拉·卡尔夫有一次在给一个来访者做沙盘治疗的时候，由于两人太过投入而忘记了时间，当后面的来访者开始敲门要进入沙盘室的时候，心理咨询师和来访者都被吓了一跳。来访者问心理咨询师说："要不要我帮你把沙盘拆掉？"卡尔夫非常坚定地说："你不能这样做，我永远不会让你毁掉你创作的东西。"结果来访者非常感激卡尔夫。后来，这名来访者也成为一名职业的国际沙盘师，并且也来中国培训沙盘师。这个故事确实很感人，我也相信在西方文化背景下，沙盘疗法秉持这样的伦理禁忌是有着积极意义的。

但这并不意味着在中国文化背景下我们的沙屉也应该照搬这条伦理禁忌。这就好比长在沙漠中的胡杨，一旦被照搬到了热带雨林，原来的"恰到好处"就变成了"不合时宜"。因此，一个东西无法割裂地说它是"对"的还是"错"的，而是要放在整体的背景下去看，这就是中国人的辩证思想。

我们不妨放下所有的先入之见，在心里想象一下，如果一个中国儿童来玩沙屉，他在离开的时候，很自然地想要把摆完的高楼大厦拆除，把一切归位，这时候心理咨询师突然制止这个小孩，并对他说："你不能这样做，我永远不会让你毁掉你自己创作的东西。"然后会怎样？我们以一个中国人的常识就会马上想到，这个孩子可能先会被吓一跳，没想到事情会这么严重，然后孩子就会突然意识到："哦，原来把玩具归位就是在毁掉我的创作呀！"于是，这个孩子就会被心理咨询师植入了一个新的信念，并且带着这个信念的影响力回到他的小伙伴中间。以后每次再有小伙伴想要"毁掉他的创作"，这个孩子都会体验到以前不曾体验过的"毁灭感"。

所以，对于西方的沙盘疗法来说，卡尔夫"禁止来访者自己拆沙盘"的标准操作，既符合"尊重与保护原则"，同时也符合"不介入和参与原则"。但这个规范一旦被照搬到中国土壤上，就可能完全是另一码事了。

此外，从沙屉视角来看，一个"意"被一个什么样的"象"来装载，对人会有很大的影响。例如，同样一套动作，当你把它叫作"拆毁"的时候去做，与当你把它叫"复原"的时候去做，你的身心体验都是很不一样的。当使用一个带有伤害意味的词汇时，一个伤害性的能量就会随之附着在这个词汇上，如果一个人认同了这个词汇，这个被负载的伤害性的能量就会对他产生影响，以后一旦这个词汇和他自身联系在一起，他就会自动化地体验到一种被伤害的感觉。

因此，在制定伦理规范的时候，沙屉不仅仅要满足逻辑思维的理性上的"规范感"，同时也要兼顾对一个人的原始认知层所产生的影响。这也正是一个沙屉的独特之处。

除了上述议题之外，在沙屉的伦理规范中，还有其他一些不同于沙盘的地方。例如，西方文化基础上的沙盘疗法会非常强调意象的"神圣性"和"神秘性"；而中国文

化基础上的沙盘则对此强调"平常心"。再如，沙盘疗法禁止心理咨询师和儿童一起玩沙盘，因为创立者卡尔夫本人以及后来的许多沙盘治疗师都强调，那样做会破坏儿童的自主性、独立性和真实性；而沙屉技术却觉得，儿童想自己玩沙屉就自己玩，想和一个人、多个人玩沙屉也可以，儿童想和家长玩或想和心理咨询师玩也没问题——各有各的玩法、各有各的发现和领悟而已。摆放沙盘或沙屉都是发现自己的内心和世界的好机会，中国孩子正是在游戏互动中长大并得到快乐与心智启蒙的，一个中国儿童，并不会因为跟谁一起玩了沙屉之后，就变得失去了自主性、独立性和真实性了。这些诸多的不同，其背后无非都是中西方文化根基不同，在此就不一一赘述了。

一言以蔽之，沙屉和沙盘虽然在物质形态上有很多相似之处，但是在其基本文化价值观的根基上完全不同。根植于西方文化的沙盘的基本价值观是与西方文化一致的，而根植于中国文化的沙屉的基本价值观是与中国传统文化一致的。就像哈密瓜适应新疆的气候和土壤，荷花适应南方水乡的气候和土壤一样——二者并不存在谁比谁优劣的问题，但二者是截然不同的。

沙屉的基本价值观是"宇宙观""整体观""自然观"。在沙屉工作中，我们不需要通过人为禁止来改变"现实事件参与了沙屉的摆放"。沙屉工作的重心不是摆出来一个"正确的"、"符合规范的"或"神圣的"沙屉，然后对这个被摆出来的沙屉进行心理分析，从而治疗来访者的某些症状或达成现实中特定的咨询目标（如"自性化"等），沙屉工作为天地万物中的一个"信使"，借假修真，去帮助我们呈现自然、领悟自然。

第十三章
沙届实际操作的思路

第一节　理解沙屉中的叙事

一、沙屉是原始认知的产物

沙屉疗法是借由原始认知直接与潜意识进行交流和工作的方法。所谓原始认知，是我们内心中的原始人认识、思考以及理解其自身乃至世界的过程。

原始认知就是原始人眼中看到的自己、他人以及周遭世界的样子。相比之下，作为文明的现代人，我们则习惯了用科学的角度对事物和现象进行解释。

但在潜意识的心灵深处，依旧可以处处寻得原始认知的踪迹，甚至我们会发现，原始人看待世界的视角，依然活跃在每个现代人的心理意象和梦境之中。

二、原始认知用叙事来组织意象

在原始认知中，心理的世界无比广袤，在这个广袤的心理世界中，意象也绝非随意散落在内心当中。相反，它们需要被组织和关联到一起，进而形成有序的心理结构。

而将意象编辑到一起的"逻辑"，是一个"叙事"，简单来说就是一个故事。

早在原始人生活的时代，那些重要的关乎生产生活的技能、经验乃至部落精神的传承都离不开故事的讲述。文明的发展也不例外，一个民族的精神和灵魂，往往就蕴藏在那代代相传的神话、史诗和诸多民间传说当中。时至今日，对于儿童来说，最具成效的教育方式，无外乎说故事给儿童听。不夸张地说，原始逻辑的产物——"故事"，在我们内心深处所带来的影响绝对不容小觑。因为具体到每一个人身上时，你活得怎样往往取决于你如何讲述这个叫作"我的人生"的故事。

三、阅读沙屉就是理解这个"故事"

沙屉本身可以被当作世界的象征。而故事从某种意义上来说，抑或是一个由叙事所构建起来的世界。因而，我们首先可以在沙匣中通过沙具的遴选和摆放，将内心的某个故事活灵活现地"讲"出来。当然，就潜意识内涵的呈现顺序与节奏来说，其中的操作同样也可以是灵活多样的。例如，来访者可以边摆边讲，也可以先摆再讲，甚至还能先盲选、盲摆，之后再将故事赋予其中。

接下来，我们完全可以应用沙匣技术中的观察视角，对沙匣中所呈现的故事展开发现、分析、体验和阅读的工作。结合"叙事"中包含的各个因素，具体来说，我们可以发现如下对应。

在沙匣的阅读工作中，我们站在一个相对宏观的视角所看到的"局"，就是故事的主题。主题既是一个故事的核心思想的体现，同时也包含着这一故事的主要内容。因而，沙匣呈现了一个怎样的"局"，等同于叙事中的"这是一个关于什么的故事"，或者"这个故事想要告诉我们什么"。例如说，在沙匣中我们阅读到的"困局"，对应在故事主题层面，往往和"受困""涉险""深陷艰难处境"等内容相关。再比如，来访者在摆放沙具之前，在和沙匣做心理层面的连接时，很可能无意识地便开始在沙匣中留下"印迹"。这一过程可以被看作一个隐形的（无意识的）"开局"。而在叙事中，则可以被视作整个故事的"序章"抑或是隐藏的、隐含的"主题"……

沙匣所讲到的"势"，即在叙事中，往往体现为故事情节的进一步衍化，或者更确切地讲，一个故事可能存在的演绎和展开方向。通常，我们也可以将这种在接下来的故事中，即将或可能发生的状况称为"势头"。例如，来访者在一座桥的沙具两头，分别摆放了一男一女两个人物的沙具。而接下来，"在桥上相遇"，便是故事发展的趋势之一；相反，如果这"一男一女"被安排在了桥上，且刚好是在正中央的位置，那么相信大家所看到的"势头"则是他们似乎就要分开，各自去往和对方相反的方向了……

沙匣中的"力"，体现在叙事上是"着力点"所在。也就是在讲一个故事时，来访者将重点——他（她）的"力"应用在了什么形象或哪段故事情节上，从而让我们看到在故事以及某个意象或在意象之间的关系里"发生了什么"，或者在当下的讲述中"正在发生着什么"。比如，在一个有关弃儿的故事中，"被抛弃的孩子"无疑是着力点所在。当然，"抛弃他的人"也可能是被关注的重点。

与此同时，"力"在叙事中，也体现为在故事中的不同角色之间所展现出的关联及相互作用。仍然以"弃儿"的故事为例，这里的"抛弃"就是在关系中，当弃儿试图靠近他的父母时，他所感受到的是无论如何也无法走近的"斥力"。再如，弃儿总想找到妈妈（弃儿寻亲的故事主题），也可以说这是因为对于弃儿来说，妈妈充满了"引力"。

"能"最直观，是心理能量大小的体现。通常那些尺寸大、地盘大，占据着中心位

置或被其他沙具所围绕的意象往往被投注了更多的心理能量。就像在一个故事中，那些在讲述中被赋予浓墨重彩的形象、情节无疑占据着更多的能量。

当然，在阅读沙屉的过程中，有经验的心理咨询师可能还会看到，有些意象虽然在当下主观上并未被来访者关注，甚至被"刻意"遗忘在了某个角落。但即便如此，其中所蕴含的心理能量未必不大。而对应在叙事中，那些隐藏起来的形象以及情节往往意义（能量）重大。例如，在某个沙屉上呈现的是所谓原生家庭的故事。但来访者偶然提及的某位这个家族中的长辈或先人甚至都没有出现在沙屉上，但就是会令人感到这其中一定埋藏着重要信息和某些关联，以至于这位不在场之人占据和影响着整个场上的故事。

除此之外，作为叙事中更为具体的体现，和"力"类似，沙屉中的"能"常常具有特定的形式，就像生本能、死本能或某种情绪能量，如"喜悦的能量""悲伤的情绪""痛苦的感觉"。"能"的形式往往可以通过主观的感受被体验和识别出来。而在叙事中，不同形式的"能"就是在这个故事中的各个形象、情节乃至故事本身所带给人的主观感受。

第二节　对故事的干预

既然沙屉本身与故事有着如此至深的关联和缘分，那么在使用沙屉进行工作时，针对来访者心中的一个个故事，我们能做些什么呢？

一、促进故事中的叙事性

以意象组成的故事在大部分时间里，都潜伏在意识水平之下的心理结构中。这部分内容构成了一个人的内心世界，同时又作为心理层面的现实，时刻都浸染进意识之内，悄无声息地影响着我们的人生。

因此，从某种意义上来说，一个人的人格结构、自我是否相对完整、稳定且具有较好的功能性，与内在的叙事性——讲故事的能力，有着密不可分的联系。相反，人格结构的散乱、自我的混沌，以及自我功能的缺失，其问题也往往出在内心中的故事上。缺少结构性、故事情节的断裂、故事形象（意象）模糊散乱等都是这其中的主要原因。

在心理咨询与治疗工作中，借由沙屉，不仅能够令来访者的心理叙事过程被直观地呈现出来，同时还能锻炼来访者叙事的能力——把故事讲好，进而完成自我乃至人格的塑造。

通过沙具在沙屉中的摆放，来访者心里的意象得以呈现。进而，这些意象在内心中的布局和组织结构也将随之显现在沙屉中。接下来，来访者可自发地对其中的故事进行调整，或者在心理咨询师的陪伴、协助乃至干预之下，展开一系列调节工作：增补沙具以及调换位置，在混乱中慢慢理出头绪，令屉中故事的局、势、能、力呈现出有组织、有结构的分布。在水到渠成中，故事自然地从潜意识中浮现……

与此同时，结合沙屉中时空的立体性，来访者内心中被建构起来的或重构而成的故事，甚至可能在时间的连续性以及空间的延展性上观察到更为立体的联系：这个故事从何而来；它将为我的生活带来什么影响；我有可能去往怎样的未来，等等。这些看似自发而起的关于自身的反思，恰是因沙屉本身的结构特点而引发的。故事已然在过去、现在和未来这样的时间链条上以及内心深处、自我内部和客观现实这一空间分布上被立体化地展现出来了。

二、放松故事中的执着

当我们再次将目光聚焦到原始认知以意象来编织内心故事这件事上来时，我们需要弄明白的是，故事之所以能够在传承中被代代讲述，其中不可或缺的因素之一是诸多固定出现的情节与桥段。这是什么意思呢？就好比在描写英雄的故事里，英雄一定会在紧急关头挺身而出，救下在危难中的百姓。这样的故事数不胜数，即便故事发生的背景不尽相同——也许时代不同，或发生的地域有所差别，或英雄的形象各有不同……但不变的总是相同的故事以及近似的讲述方式。

这就是故事中的"执着"所在。那些我们耳熟能详的故事、童话以及各个民族流传下来的神话、史诗之所以会传承至今，是因为它们一遍遍地重复着相同的故事以及相同故事中的主题。故事就应该这么讲下去才对。

那些我们在心里看到的意象，它们既是故事中的角色，同时也是故事真正的讲述者。每个意象都会尽职尽责地按照故事中"应有"的安排，忠实地一遍又一遍地将它们的人生在故事中重复演绎下去。就好比我们在听到"美人鱼"的童话时，一定会为

美人鱼公主流下悲伤的泪水。因为在故事中，她牺牲了自己，只因她不想所爱之人为她牺牲。当古今中外一代代人为美人鱼所感动时，这意味着在不同的时空、不同的人心中，美人鱼无数次地重复着同样的经历。

我们会惋惜为何美人鱼上岸后，便失去了她美妙的嗓音；我们也会遗憾王子没能认出他真正的爱人。但假如这一切不再一样，哪怕仅仅只是一次，在故事中美人鱼既获得了双腿，同时又不必以嗓音为代价，或者王子在醒来后没有忘记美人鱼的样子，而是一眼便认出了救下他的美人鱼公主，这个故事以及故事中的主人公就都不再是我们所熟悉的美人鱼了。

和我们每个人对自我的执着相同，每个意象都执着于它们自己的身份和立场，一刻也不会擅离职守，绝不改变自己一遍遍忠实演绎着的角色。

具体到心理咨询的工作中来，故事中的这种执着和特点，最为直观的体现就是我们常说的情结。而且我们都知道，作为我们和他人乃至这个世界打交道时的固有模式，不要说改变情结，哪怕只是对其有所撼动也绝非易事。究其原因，就是这个情结背后的故事始终不变地为人所一遍遍讲述，而一个人心里的故事无法改变，凡事也就难逃重蹈覆辙的命运。

针对内心中和情结有关的故事，我们不是去否认和回避它，而是允许它被看见、被讲述，当然，更确切地说，是被睁着的眼睛和清醒着的人所看到。

沙屉作为心理层面的世界（时空），可以将来访者内心中的叙事生动地呈现出来。从而令来访者在一个观察者的视角上，直观地看到故事的全貌。与此同时，借由沙屉在心理时空上的纵深展开，不仅能够让人找到这一内心故事和现实人生之间的对应，还有助于我们觉察到叙事内容与深层潜意识之间的关联。

甚至有时候，当同样的叙事主题被更清晰、具象化地，乃至一次次反反复复地呈现时，这个摆放和看到的过程便足以使得来访者产生觉察。因为每一次在摆放和看清的工作中，叙事中的心理能量（沙屉中的"能"）也会随之得到宣泄。"能"的水平降低下来，在心理上自我对故事以及故事中的意象的认同和绑定感也会随之放松下来。

此外，在与来访者及其所讲述的故事发生联系时，心理咨询师不仅仅只是简单地听到和看到这一切，而是带着情感去听，带着共情看向来访者至深的内心。而能够被另一个人用心听、用情看，便足以令一个故事得到最大的慰藉。当讲故事的人（并非来访者的自我，而是意象）被看到和倾听时，它便不再以身体力行的方式去影响现实（停下现实中的见诸行动），而是回到叙事者的位置上更加动情地诉说着心理现实中的一切。如此一来，在来访者的自我与内心意象之间便发生了"解绑"，一个人也就此从故事中将目光看向了外在的他人与现实。

三、打断叙事的链条

一个带给人相应影响的心理事件，哪怕最初发生在现实生活中，也会随着时间的推移，慢慢加重其中的叙事性的特点。换句话说，故事总是带有某种向心力，令一切的发生都越发具有故事性。这在心理咨询中是我们经常能够观察到的现象。例如，来访者在讲述他（她）自己的人生经历时，往往为了强化某种他（她）自身所认同的角色和立场，甚至会下意识地对现实中的事件进行内容上的增补，抑或将叙事的视角、重点乃至发生时间和先后顺序都巧妙地重新做了安排与处理，通过混淆、颠倒和重构，令现实中的人生更贴近他（她）心中一直在讲述着的那个故事的蓝本。

总之，故事被这样讲下去，就会越被"当真"。叙事中的主题、人物形象和立场塑造、人物间的关系，也就越会朝向一定的方向发展下去。因此，有时候，心理咨询师不是要把故事一遍遍地重复听下去，更不能眼看着来访者在叙事中不断沉入深深的宿命感里却袖手旁观。

在咨询中，意象对话并不禁止心理咨询师对来访者内心的"介入"，甚至有时会鼓励心理咨询师在和来访者的关系中有觉察地参与进去。在某些极端的情况下，当来访者大部分的清醒意识被无意识内容占据时，心理咨询师甚至可能会以某些更为激烈的方式介入进来，中断正在"淹没"来访者的叙事，以"搅局"的方式"闯"进来，将来访者从故事里带离出来。

这种心理咨询师的介入和干预体现在沙匜中，可以是摆放过程中心理咨询师与来访者在语言层面的交流。心理咨询师可以就沙匜上呈现的故事向来访者提问，或在某个环节上提示来访者留意自己的感受，甚至还能适时地表达自己的观点与感受，等等。当然，更直接的介入与参与可能表现为，心理咨询师将自己选的沙具摆放进来访者的沙匜中，或以类似"下棋"的方式，同来访者一起完成沙匜的摆放。

当心理咨询师带着觉察介入来访者的叙事中时，这无异于来访者内心里的这个故事从此因"外来者"的到来而发生了改变，或者全新的演绎就此成了另一个故事被存留进了来访者的心里。而无论哪一种情况，从某种意义上来说，都从此改变了来访者心中原有的、一成不变的叙事。

第十四章
沙屉实际操作的案例

第一节　身、心、脑在沙屉中的呈现
——一例中考考生心理压力的表达与缓解

• 心理咨询师：张杰云

• 案例情况介绍：来访者阿强（化名），某重点中学九年级学生，目前即将面临中考，学习压力较大。在初次访谈中，来访者给人的感觉是拘谨、内向、不喜言谈。

• 心理问题：心理压力过大，且伴随明显的躯体化，并持续半年以上。深夜（晚间12：00左右）进食，且有暴食、呕吐等现象。自述经常伴有肠胃不适、便秘等躯体症状。

沙屉个案过程：在对个案进行了基本信息的了解后，围绕其心理压力大、躯体化等心理问题进行咨询。期间偶尔使用到沙屉。以下为其中一次的沙屉咨询。

在本次沙屉咨询中，心理咨询师与来访者商谈并设定主题为"身、心、脑"。其中，下屉代表"身"的呈现，中屉代表"心"，上屉代表"脑"。

下屉中有大量的留白空间。这可能与长期缺少关注有关。尤其在这一时期，来访者的父母和老师大都将注意力放在他的学业与成绩上，而这无疑也是来访者在这一阶段颇为留意的重点。另外，沙具摆放位置的"偏移"也令我们看到了来访者"失衡"的心理状态。

随着沙屉上沙具的一一呈现，来访者也在试图向心理咨询师诉说着自己当前的艰难处境。精力不够、头脑的超负荷以及身体的疲惫和不适都会持续侵蚀着来访者的心理健康。在这其中，我们或许会留意到沙屉中的留声机，以及老人的形象。围绕这两个部分，来访者说出了自己当前试图对自己的心理进行调节的愿望——听音乐能让自己暂且放松下来；生日、节日这些特殊的日子，也让他感到自己是重要的、独特的，可以趁机让自己轻松一下。

在代表"心"的中屉上，来访者仅仅摆放了一个沙具——大猩猩的形象。由此，我们也会看到来访者在无人倾诉时那种孤独、无助的心理状态。从沙具的象征意义上来看，猩猩也和原始的、有力量和行动力等心理特质相关。但在和来访者的交谈中，我们了解到其当前的生活中被安排满了的许许多多与学习、考试有关的内容。来访者似乎动用了全部的力量试图令自己可以胜任当前的一切，见图 14-1。

图 14-1　中屉

在"脑"所在的上屉中，来访者摆放了一座"加油站"，并强调说这座加油站是 24 小时工作的，见图 14-2。这很明显就像是来访者当前的状态——一刻不停歇地要给自己"加油"。而刚好在加油站的近旁，来访者摆放了一座"钟楼"，这种高耸、尖顶的建筑从象征意义来看，往往和所谓理想、目标相关。这不禁会令人想到高分、好成绩等类似的现实目标。

图 14-2　上屉

咨询效果与总结：在这一次的咨询过程中，通过沙屉中完成的分层（身、心、脑）以及沙具的摆放，来访者主动呈现当前问题中的自己，用意象呈现内心，并在整个咨询过程中一边摆放沙具一边和心理咨询师交流。由此，来访者直接地完成了对心理压力的倾诉，并感受到了来自心理咨询师的共情。

清晰地分层和呈现、表达工作，大大缓解了来访者的心理压力，有助于他更好地适应现实学业、考试压力，而且间接地促使他主动进行自我调节。在后来的咨询中，

来访者主动反馈自己比以往有了更小的压力感，对学习有了新的认识。并且，就来访者自己的观察和其家长提供的信息来看，来访者的躯体问题也得到了缓解，并不再以暴食作为宣泄和缓解压力的主要途径。

第二节　在玩中诉说心事
——"胆小"男孩儿的沙屉咨询

• 心理咨询师：海燕

• 案例情况介绍：小 Q（化名），男，8 周岁，小学二年级学生。来自一个四口之家，除爸爸妈妈外，他还有一个哥哥。小 Q 性格内向、敏感，为人处世守规矩，害怕被批评。平日里，小 Q 不愿与父母沟通，学校老师评价他爱学习、爱帮助同学。他的性情较温和、听话，但缺乏自信和主动性。

• 心理问题：在校与同学关系紧张；因为时常被同学欺负、戏弄而感到焦虑和难过；情绪较为压抑，性格胆小、退缩。

沙屉个案过程：围绕个案的现实人际关系问题以及情绪问题，进行了两次沙屉咨询。具体情况如下。

第一次沙屉咨询：来访者在现实中遭受同学欺负后不久，进行了第一次的沙屉咨询。在进入沙屉之前，心理咨询师与来访者就现实中遭受欺负的情况进行了相对详细的了解。从来访者的描述中，心理咨询师了解到，来访者有被部分同学取"外号"、孤立、戏弄的情况，同时也有身体上的冲突，如被同学绊倒、咬伤等。

进而，心理咨询师请来访者就当前学校生活中的人际关系问题，在中屉上进行了呈现。

围绕这一屉所呈现的内容，来访者描述说，他自己是其中的"套娃"（所有的套娃都代表来访者的自我）。红色是开心时的自己，蓝色则是不开心时的自己，而倒在地上的三个小一些的套娃，则是被欺负时的自己。与此同时，欺负自己的人，有时像"金刚"（大猩猩的沙具），有时像"鲨鱼"，有时则像"尖嘴的恐龙"（会被它们撕咬），有时还像"三角龙"（被它们顶撞）。来访者还补充说，其中一个人（欺负自己的人），总是盯着他，令他感到恐惧。

　　另外，中屉中的两个人物的形象分别代表了来访者和他的很要好的朋友。朋友背对着来访者，会令来访者感到深深地被拒绝，甚至感到不会再有人喜欢自己了。从中我们会看到明显的和人际关系有关的问题。来访者总是深陷于被他人"欺负"的境遇，充满恐惧。与此同时，他十分渴望友谊，希望自己被积极地回应，希望有人喜欢自己。并且，来访者在人际关系中，有明显的自卑感和自我否定感。

　　随着上屉中种种内容的呈现和表达，心理咨询师能够感到来访者似乎宣泄了一些他在内心中积压已久的负面情绪。同时，心理咨询师也希望能够对当前状态下的来访者做一些具有建设性意义的心理干预工作，使其不至于深陷内心的困境与负面情绪当中。于是，心理咨询师在引导来访者对中屉进行摆放时，主动问及来访者"在学校里有什么令你感到开心的事情吗"，由此，来访者开始了在下屉的摆放。

　　首先，来访者摆放了教师上课时的情境。并且具体描绘说，"这是堂科学课"。教师在讲各种矿石，而自己在听课（图 14-3）。此时，心理咨询师能够明显感到来访者的情绪在慢慢好转，并开始将注意力放到"令自己开心、感兴趣"的事情上来。继而，来访者又在下屉里添加了更多的沙具。

图 14-3　课堂情境

　　来访者讲道："这是食堂的场景，有桌椅、吃饭的人，还有很多好吃的东西。"（图 14-4）随着来访者谈及此处，其情绪似乎明显高涨了起来。由此，也令我们看到来访者对于内心中轻松、满足的需要和渴望。

　　随着下屉内容的呈现，来访者的情绪已有明显好转。此时，心理咨询师引导他回看中屉，来访者竟主动提出要将其中的"坏人"（欺负套娃的那些形象）踢飞。在这儿，我们会看到来访者平日自卑、胆小、退缩的内心似乎压抑着极大的愤怒和攻击性。

　　第二次沙屉咨询：此次，来访者明显对心理咨询和沙屉表现出了更多的主动性及热情，似乎也更愿意借助沙屉来表达自己，并且对心理咨询和心理咨询师都饱含着积

图 14-4　食堂

极的态度。

于是，来访者并未和心理咨询师就近期境况做太多交流便主动要求开始摆放沙具。他首先选择了中屉，并呈现了小马过河的故事。

熟悉这一故事的人都知道，在小马过河故事中最具心理意义的部分，莫过于小马通过观察、尝试，最终战胜了心里的恐惧，成功地抵达了河的对岸。倘若这也是正发生在来访者心里的叙事，那么对于心理咨询来说，这无疑是个积极的信号。再者，"过河"的心理象征意义同样不能忽视，其刚好象征了交流与联系的发生（图 14-5）。

图 14-5　小马过河的故事

接下来在上屉中，来访者似乎呈现了较多、较丰富的心理主题（图 14-6）。

我们可以看到，食物依然是重要的内容之一。这仍然与较为原始的心理满足机制相关。同时令人不免猜测的是，来访者的内心世界依然处在较高的焦虑水平中。当然，令人感到欣慰的是，在上屉中也出现了诸如"餐桌上的父母"，以及"姨妈"（现实中为大学老师，爱唠叨）和"姨夫"（沙屉中在回避姨妈的唠叨），或"打架的两兄弟"（分别代表现实中的来访者本人和来访者的哥哥）等这些人物。这些关系，乃至带有明显"冲突"的关系，似乎也是来访者在试图呈现的现实生活中的种种境遇，来访者在主动面对和表达这一切。

图 14-6　丰富的内心

在这之后，来访者又将注意力放到了下屉上，边摆放沙具边玩了起来。

来访者很投入地在沙屉中开始了战争游戏。其间，来访者像是找回了天性。他不仅动用起了其中的"导弹""飞机""坦克""士兵"，让它们彼此攻向对方，而且生动地模仿起枪炮和爆炸的声响。在一轮战争过后，来访者便会令那些倒下的沙具"复活"，进而再次投入新一轮的战斗。

在这个环节里，我们会直观地看到来访者通过沙屉中的战争游戏，宣泄和释放压抑的攻击性。对于这个年龄的男孩来说，攻击性的合理释放无疑是心理健康和性格养成过程中的关键。可以想象，在平日的家庭以及校园生活里，颇为内向、谨慎甚至胆小的来访者，恰是由于在内心深处长期过多地压抑了攻击性的部分，逐渐变得退缩，在人际关系中经常遭受"欺负"。

永远只是刚刚开始

　　二十年前，我写了第一本关于意象对话心理学的书《我是谁》。写完之后我拿给朋友看，朋友看过之后，说我这本书的内容虽然很好，但是书里的"骨头太多肉太少"。他说，如果我添加一些例子，讲解更充分一些，那么这本书的每一章都可以展开成为一本书，而现在我这样写，这么多内容只写了一本小书，把可写的内容浪费了。

　　我认为他说的很对，我的书的确是"骨头多肉少"，而且"皮肤"的修饰更是太少。如果在他所说的方面下功夫，的确会更好。但是我还是没有按照他的建议去改，而是基本上按我那本书原来的样子出版了。那本书到现在已经出到了第四版，印刷了十几次，发行了近百万册，但是这并不意味着我朋友的建议不对。如果我能按照他的说法修改，也许效果的确会更好。而我没有接受他的意见，我也的确没有后悔。

　　我没有后悔，我有我的原因。我的原因是我有太多的内容需要写，所以我不能把时间用于把一本书写细致上，而应该尽量把更多的书写出来。人生短暂如白驹过隙，人生有涯而要说的内容"无涯"，在这种情况下把太多时间用在"肉"上，未免有些不太划算。

　　二十年来，我出版的新书加上修订的书一共近四十本。有意象对话系列的书，有新的心理咨询技术回归疗法的书、人格心理学理论研讨的书，也有文化心理学系列的书，还有环境心理学等领域的少数几本书，以及其他零散的主题（如女性自卫、红学研究与心理学）的书。但我总觉得自己还是有很多很想讲给大家的内容，想找时间写给大家看。当然，时间这个东西永远是稀缺的，当我看到路边有很多无所事事的人在消磨时间时，我总是很遗憾他们的时间不能直接卖给我。他们在消磨时间，嫌时间太多，我却感到时间太少。以至于有些人想找我做什么事，说"朱老师我只需要你半天时间"，我就会很烦恼地想："只需要半天，半天时间啊，整整半天这么多时间，你的口气却仿佛是个小钱似的。"

　　我有时也担心，我总写这种"骨头多肉少"的书，是不是对读者不够负责呢？但好在结果似乎还好，虽然我的书不够详尽，例子也太不够，但是读者还是能从中有所收获的。书的"骨架"完整而清晰，读者就可以根据书获得正确的方向，并且得到正确的指导。如果再有教师培训，就可以投入实践，并且在实践中得到很多足够的例证。

　　我就像是卖猪苗的，只要我卖的小猪的骨头和五脏俱全，肉少一点是没有关系的，因为读者在买了之后，可以自己养，越养越胖，肉自然也会越来越多。

　　所以，这就是我的定位，我是卖猪苗的。肉少，对于卖成品的人来说，是个大缺点，但是对于卖猪苗的，不是问题。或者我们改用树苗做比喻也是一样的。如果卖树，那么树当然要长到很粗，才可以出售。而对于卖树苗的，就没有这个要求，小手指一样细的树苗同样可以卖。

我这本书要带给大家的，是一个未来的蓝图，一个可能性，一个开始。

2020年，出于疫情的原因，我待在家里近半年。这段时间，我就用来写书。其中一本就是这本写沙屉疗法的书。之所以选择先写这本，是因为这本书所写的内容是我们独有的技术。我在推广沙屉技术的同时，急需一本基本的理论和实践指南，作为教学的教科书用。

对于这本书，我也是保证了"骨头"足够多，或者说保证了骨骼系统的完整。这样，我们可以在这一本书中比较全面地阐述沙屉的理论，也可以比较多地介绍操作方法。这样，这本书就还是显得有些"骨头多肉少"。这本书并没有讲多个案例，也没有很详细地展示细节。为了能改善阅读体验，曹昱和史晋各自写了很多内容。可以说，这本书中的"肉"大多都出于他们之手。曹昱还润色了全文，而史晋除了写案例之外，还完成了全书配图等大量工作，这样终于让这本书的可读性有了足够多的提升。毕竟曹昱和史晋的文笔还都挺不错的——人才多就是好。

感谢北京师范大学的编辑何琳，她以前就出版过不少意象对话系列的书籍，这次又策划出版了这本从意象对话中延伸出来的书。她敬业负责，给我们提供了很多好的建议，对这本书的质量提升大有助益。

野老献芹，固然有点好笑，自以为芹菜就是好东西了，所以特意要把它献给贵人。但是野老尊重贵人，一心要献宝的心情，想来贵人会理解。沙屉技术，就是我视为珍宝的好技术。所以我怀着献宝的心情，急切地想把它献给所有心理咨询师、心理服务工作者、心理社工和心理学爱好者，希望大家能喜欢。我又有点担心大家不够喜欢它，怕大家觉得它还是"骨头多肉少"，所以写了这个后记，给大家解释一下个中缘由。我想大家就可以谅解我了。

如果读者想让这本书中所写的内容能更加生动具体，其实也有办法，这个办法在敬爱的读者身上，那就是读者可以进一步学习和实践这个技术。我相信，一旦你去用了，就会感觉越用越喜欢。你会体会到什么叫作变化无穷，直抒心臆。那个时候，你可能会发现你真的不需要我在书里添加太多的"肉"，因为"肉"是你自己可以养出来的。

如果读者进一步去学，学了去用，就会自己发明出很多好的用法，并用它来改善你自己和你的来访者的心理。就好比我告诉了你下棋的规则，你自己下的棋越多，就能发明出越多的棋术。你就会领悟其中的妙处，这些也许是我所不知道的。

　　这本书是沙屉技术的开始。而你们才是这个技术的未来。我是这个技术的"接生婆"，但是这个技术不属于我，它属于你们。这个技术最终有多好，不取决于我，而取决于你们。

　　感谢大家买这本书，更感谢那些实际去学习和应用这个技术的读者，感谢你们把一棵树苗养成大树，把一个蓝图实现，给了这个技术一个美好的未来。

参考书目

高岚，申荷永.沙盘游戏疗法［M］.北京：中国人民大学出版社，2012.

列维-布留尔.原始思维［M］.丁由，译.北京：商务印书馆，1981.

皮亚杰.发生认识论原理［M］.王宪钿，等译.北京：商务印书馆，2011.

茹思·安曼.沙盘游戏中的治愈与转化：创造过程的呈现［M］.张敏，蔡宝鸿，潘燕华，等
　　译.北京：中国人民大学出版社，2012.

特纳.沙盘游戏疗法手册［M］.陈莹，姚晓东，译.北京：中国轻工业出版社，2016.

苑媛，曹昱，朱建军.意象对话临床技术汇总［M］.北京：北京师范大学出版社，2013.

朱建军.意象对话心理治疗［M］.3 版.北京：中国人民大学出版社，2021.